国学经典大字诵读

笠翁对韵 声律启蒙

韩田鹿　主编

四川人民出版社

图书在版编目(CIP)数据

笠翁对韵　声律启蒙 / 韩田鹿主编. -- 成都：四

川人民出版社, 2018.2

（国学经典大字诵读）

ISBN 978-7-220-10398-8

Ⅰ.①笠… Ⅱ.①韩… Ⅲ.①诗词格律—中国—启蒙

读物 Ⅳ.①H194.1②I207.21

中国版本图书馆CIP数据核字(2017)第226054号

LIWENG DUIYUN SHENGLÜ QIMENG

笠翁对韵 声律启蒙

韩田鹿　主编

责任编辑：邹　近　陈　欣
封面设计：蒋碧君
版式设计：段　瑶
责任校对：舒晓利
责任印制：李　剑
出版发行：四川人民出版社(成都市槐树街2号)
网　　址：http://www.scpph.com
E－m a i l：scrmcbs@sina.com
新浪微博：@四川人民出版社
微信公众号：四川人民出版社
发行部业务电话：（028）86259624　86259453
防盗版举报电话：（028）86259624
照　　排：巨人时代
印　　刷：北京天宇万达印刷有限公司
成品尺寸：210mm×265mm
印　　张：10
字　　数：37千字
版　　次：2018年2月第1版
印　　次：2018年2月第1次印刷
书　　号：ISBN 978-7-220-10398-8
定　　价：88.00元

前言

《笠翁对韵》《声律启蒙》和《弟子规》《三字经》《百家姓》《千字文》一样，都属于从前孩子们的启蒙书。但这些启蒙书的作用各不相同，比如《弟子规》侧重教孩子为人处世的规矩，《三字经》偏重给孩子以思想文化的熏陶，《百家姓》教孩子区分不同的姓氏，而《笠翁对韵》和《声律启蒙》则侧重声律和对仗知识的启蒙，将汉语的音韵之美、对偶之精以范例的形式直接展示给孩子。

就形式而言，《笠翁对韵》《声律启蒙》均按韵分编，从单字对到双字对、三字对，直到十一字对，层层属对，声韵协调，朗朗上口，孩子从中可以得到语音、词汇、修辞的训练，既能够陶染孩子对美的感受能力，又能使孩子养成良好的语感，给孩子最好的文学启蒙。其音韵之美与对偶之精，时常吟咏，可以增进孩子们的语感与增加词汇，将来自己写文章，很容易就会有一种铿锵恢宏的气势。

从内容来说，两本书包罗天文、地理、花木、鸟兽、人物、器物等的虚实应对，具备极为丰富的文化含量，引经据典，诗词化用，从自然到人文，从德行品质到历史积淀，一方面，可以作为孩子文史知识的启蒙读本，增进孩子历史文化的修养，一方面带给孩子"君子之风"的熏陶，感受学识与品格并行。

《声律启蒙》力图为儿童在声韵的把握和遣词造句上提供尽可能全面的范例，故在遣词造句、意象选择上，都力求宏富全面；《笠翁对韵》则侧重于更富文采的意象选择与词语运用，且同一韵部所举范例在内容和意象上往往有相通之处，每一韵部均可作为一篇参差错落的骈文来读，除示范声律外，还可给人以文学的美感享受。

《笠翁对韵 声律启蒙》集二者所长，将两部韵书汇集一本，并以精准的文字加以释义和注解，全书穿插故事链接，为孩子详解经典文史典故，辅以精美水墨国画，为孩子展现国学之美。

任何时代，教育都是重中之重，是个人与社会发展的起点。《笠翁对韵》《声律启蒙》作为教育部重点推荐国学核心书目，传承着国人文、学、品并重的理念，时代的变迁使真正的价值得以保留，我们从中获益匪浅。教育的可贵在于向孩子传达真正的价值，让优秀的文化伴随孩子成长，助他成长为大写的"人"，是我们最该为孩子所做的事情之一。

目录

笠翁对韵

上卷

下卷

声律启蒙

上卷

下卷

笠翁对韵

《笠翁对韵》分为上下两卷，每卷各 15 个平声韵。作者李渔，明末清初文学家，原名仙侣，中年改名李渔，号笠翁。代表作《闲情寄偶》《笠翁十种曲》《无声戏》《十二楼》等，被誉为"中国戏曲理论始祖""世界喜剧大师"，被列入世界文化名人之一。

《笠翁对韵》《声律启蒙》是古代孩童的蒙学书籍，它们提供了用韵和对仗的典型范例。我们现在虽然不需要写诗作对，但即将熟读《笠翁对韵》和《声律启蒙》的小朋友，你很快就会发现，汉语是世界上最美的语言之一。

原文诵读

tiān duì dì　　yǔ duì fēng　　dà lù duì cháng kōng
天对地，雨对风。大陆对长空。

shān huā duì hǎi shù　　chì rì duì cāng qióng
山花对海树，赤日对苍穹。

léi yǐn yǐn　　wù méng méng
雷隐隐，雾蒙蒙。

rì xià duì tiān zhōng
日下对天中。

fēng gāo qiū yuè bái　　yǔ jì wǎn xiá hóng
风高秋月白，雨霁晚霞红。

niú nǚ èr xīng hé zuǒ yòu　　shēn shāng liǎng yào dǒu xī dōng
牛女二星河左右，参商两曜斗西东。

shí yuè sài biān　　sà sà hán shuāng jīng shù lǚ
十月塞边，飒飒寒霜惊戍旅；

sān dōng jiāng shàng　　màn màn shuò xuě lěng yú wēng
三冬江上，漫漫朔雪冷渔翁。

经典译文

　　用天对地，雨对风。用广大的陆地对辽阔的天空。灿烂的山花对斑斓的海树，红红的太阳对青色的天空。雷声隐隐作响，雾气朦朦胧胧。太阳之下对天空之中。大风之下，秋天的月亮格外明亮；雨晴之后，天边的晚霞尤其鲜红。牛郎星、织女星分隔在银河的左右侧，参宿、商宿坐落在斗宿的东西方。十月的边塞，寒霜飒飒作响，让戍边的战士感到惊惧；冬天的江上，朔雪漫天飘落，令垂钓的老翁感到寒冷。

shān duì hǎi　huà duì sōng　sì yuè duì sān gōng
山 对 海 ， 华 对 嵩 。 四 岳 对 三 公 。

gōng huā duì jìn liǔ　sài yàn duì jiāng lóng
宫 花 对 禁 柳 ， 塞 雁 对 江 龙 。

qīng shǔ diàn　guǎng hán gōng
清 暑 殿 ， 广 寒 宫 。

shí cuì duì tí hóng
拾 翠 对 题 红 。

zhuāng zhōu mèng huà dié　lǚ wàng zhào fēi xióng
庄 周 梦 化 蝶 ， 吕 望 兆 飞 熊 。

běi yǒu dāng fēng tíng xià shàn　nán lián pù rì shěng dōng hōng
北 牖 当 风 停 夏 扇 ， 南 帘 曝 日 省 冬 烘 。

hè wǔ lóu tóu　yù dí nòng cán xiān zǐ yuè
鹤 舞 楼 头 ， 玉 笛 弄 残 仙 子 月 ；

fèng xiáng tái shàng　zǐ xiāo chuī duàn měi rén fēng
凤 翔 台 上 ， 紫 箫 吹 断 美 人 风 。

经典译文

　　用高山对大海，用华山对嵩山。用四岳对三公。宫廷的花对紫禁城的柳，塞北的大雁对江中的巨龙。用清暑殿对广寒宫。用拾翠对题红。庄子在梦中化为蝴蝶，飞熊预兆着姜太公。北边的窗户正对风，代替了夏天的扇子；南面的门帘在太阳下晒着，省去了冬天烘烤取暖。黄鹤楼头，仙子吹奏的玉笛令月亮都显得残缺；凤凰台上，美人吹响的紫箫令风都停止了摇动。

音韵常识

中国是一个诗歌的国度，从《诗经》《楚辞》到唐诗宋词，历朝历代都涌现出许多优秀的诗人和诗歌作品，这些优美的诗歌是我们文化的精华，《笠翁对韵》《声律启蒙》中的很多语句都化用自这些诗歌。

原文诵读

chén duì wǔ　　xià duì dōng　　xià xiǎng duì gāo chōng
晨对午，夏对冬。下饷对高春。

qīng chūn duì bái zhòu　　gǔ bǎi duì cāng sōng
青春对白昼，古柏对苍松。

chuí diào kè　　hè chú wēng　　xiān hè duì shén lóng
垂钓客，荷锄翁。仙鹤对神龙。

fèng guān zhū shǎn shuò　　chī dài yù líng lóng
凤冠珠闪烁，螭带玉玲珑。

sān yuán jí dì cái qiān qǐng　　yì pǐn dāng cháo lù wàn zhōng
三元及第才千顷，一品当朝禄万钟。

huā è lóu jiān　　xiān lǐ pán gēn tiáo guó mài
花萼楼间，仙李盘根调国脉；

chén xiāng tíng pàn　　jiāo yáng shàn chǒng qǐ biān fēng
沉香亭畔，娇杨擅宠起边风。

经典译文

　　早晨和中午相对，夏季和冬季相对。下午和傍晚相对。用早春对白天，用古老的柏树对苍劲的松树。用垂钓的人对扛锄头的老翁。用仙鹤对神龙。有凤凰装饰的礼帽上珍珠光彩闪烁，雕着螭的玉带莹润玲珑。考试连中三元才华出众，当朝一品大官俸禄优厚。花萼楼里，皇室成员商讨治国方略，调理国家命脉；沉香亭边，杨贵妃独得皇帝宠爱，导致边疆产生风波。

注释精讲

螭：传说中没有角的龙。
三元：古代科举考试，乡试、会试、殿试中的第一名，分别为解元、会元、状元。
及第：科举考试应试中选。
顷：田地面积单位。
花萼楼：楼名，唐明皇所建。
仙李盘根：李是唐朝皇室姓氏，用仙李根株盘曲纠结，代指李唐皇室深扎根基。

fán duì jiǎn　　dié duì chóng　　yì lǎn duì xīn yōng
繁对简，叠对重。意懒对心慵。

xiān wēng duì shì bàn　　dào fàn duì rú zōng
仙翁对释伴，道范对儒宗。

huā zhuó zhuó　　cǎo róng róng　　làng dié duì kuáng fēng
花灼灼，草茸茸。浪蝶对狂蜂。

shù gān jūn zǐ zhú　　wǔ shù dà fū sōng
数竿君子竹，五树大夫松。

gāo huáng miè xiàng píng sān jié　　yú dì chéng yáo jí sì xiōng
高皇灭项凭三杰，虞帝承尧殛四凶。

nèi yuàn jiā rén　　mǎn dì fēng guāng chóu bú jìn
内苑佳人，满地风光愁不尽；

biān guān guò kè　　lián tiān yān cǎo hàn wú qióng
边关过客，连天烟草憾无穷。

8

　　用繁对简，用叠对重。用意志消沉对心思懒散。神仙老者和佛家僧侣相对，道教的典范人物可对儒家的宗师。鲜花明亮，青草绵软。翻飞的蝴蝶和狂舞的蜜蜂相对。几竿君子竹，五棵大夫松。汉高祖凭借三杰打败了项羽，虞舜继承尧的禅让后处死了四凶。皇宫内的美人呀，虽然风光满地却依旧忧愁难尽；途经边关的旅客呀，心中的憾恨就像那接天的草地一样无穷无尽。

注释精讲

慵：困倦，懒散。

释伴：一起修佛的僧徒。

君子竹：即竹。竹空心，古人认为有君子之风。

大夫松：传说秦始皇登泰山，在松树下避雨时，封松为五大夫。

三杰：指萧何、韩信、张良。

虞帝：传说中的上古帝王舜。

尧：传说中的上古帝王尧。

四凶：指共工、驩兜、三苗和鲧。

烟草：烟雾笼罩的草地。

三 江

我们知道现代汉语分为一声、二声、三声、四声四种声调，但很久以前，人们并没有声调的概念，直到南北朝时期，沈约对声调做出了四声的划分。

原文诵读

jī duì ǒu　　zhī duì shuāng　　dà hǎi duì cháng jiāng
奇对偶，只对双。大海对长江。

jīn pán duì yù zhǎn　　bǎo zhú duì yín gāng
金盘对玉盏，宝烛对银钉。

zhū qī jiàn　　bì shā chuāng　　wǔ diào duì gē qiāng
朱漆槛，碧纱窗。舞调对歌腔。

xīng hàn tuī mǎ wǔ　　jiàn xià zhù lóng páng
兴汉推马武，谏夏著龙逄。

sì shōu liè guó qún wáng fú　　sān zhù gāo chéng zhòng dí xiáng
四收列国群王伏，三筑高城众敌降。

kuà fèng dēng tái　　xiāo sǎ xiān jī qín nòng yù
跨凤登台，潇洒仙姬秦弄玉；

zhǎn shé dāng dào　　yīng xióng tiān zǐ hàn liú bāng
斩蛇当道，英雄天子汉刘邦。

经典译文

　　单数对应双数，单个对应两个。大海和长江相对。金质的盘子对应玉质的酒杯，珍贵的烛对应银色的灯。朱红色漆涂成的栏杆，青绿色纱布制成的窗纱。伴舞的曲调对应唱歌的腔调。中兴东汉，大将马武功不可没；对夏代昏君夏桀进谏，以龙逢最为出名。平定四国，令各国君主臣服；造三座受降城，各路敌人纷纷投降。乘坐着凤凰登上凤台，那是秦国潇洒的仙女弄玉；将横在路上的白蛇斩断，那是汉朝的英雄天子高祖刘邦。

yán duì mào　xiàng duì páng　　bù niǎn duì tú gāng
颜对貌，像对庞。步辇对徒杠。

tíng zhēn duì gē zhú　　yì lǎn duì xīn xiáng
停针对搁竺，意懒对心降。

dēng shǎn shǎn　　yuè chuáng chuáng　　lǎn pèi duì fēi shuāng
灯闪闪，月幢幢。揽辔对飞艭。

liǔ dī chí jùn mǎ　　huā yuàn fèi cūn máng
柳堤驰骏马，花院吠村尨。

jiǔ liàng wēi tuó qióng xìng jiá　　xiāng chén mò yìn yù lián shuāng
酒量微酡琼杏颊，香尘没印玉莲双。

shī xiě dān fēng　　hán nǚ yōu huái liú yù shuǐ
诗写丹枫，韩女幽怀流御水；

lèi tán bān zhú　　shùn fēi yí hàn jī xiāng jiāng
泪弹斑竹，舜妃遗憾积湘江。

　　面容和相貌相对，肖像和脸庞相对。步辇和可以徒步行走的小桥相对。用停下针线活儿对放下梭子，用心思懒散对心中安稳。灯光闪烁，月影朦胧。将马匹的缰绳挽住，船儿在水中飞驰。柳堤上骏马奔驰，多毛的村狗在花园中叫唤。酒后微醺，女子面颊犹如美玉般白嫩、杏花般红润；美人从香粉上走过，各自留下如玉莲一般美丽的足印。在红叶上题诗，韩姓宫女隐藏在内心的感情顺着宫廷的河水流出；眼泪洒落在斑竹上，舜的两个妃子娥皇和女英内心的憾恨都留在了湘江边。

▌故事链接

湘妃竹

相传尧舜时代，湖南九嶷山上住着九条恶龙，它们时常到湘江嬉戏，导致洪水暴涨，房屋被冲塌，田地被淹毁。舜帝心系百姓疾苦，亲自到九嶷山铲除恶龙。

舜的两位妃子——娥皇和女英，本是尧帝的女儿，德行高尚，关心百姓。舜久久不归，她们担忧丈夫安危，便出发寻找丈夫。她们跋山涉水来到九嶷山，寻遍每一个村庄，找遍每一条小路，都没发现舜的踪迹。后来，她们在一个叫三峰石的地方看到一座珍珠垒成的坟墓，高大华美，周围翠竹环绕。当地老人告诉她们，这是舜帝的坟墓，舜帝为铲除恶龙而死，他所用的三齿耙在他死后变成了三块巨石，九嶷山上的仙鹤则从南海衔来珍珠撒在坟墓上。

两位妃子听完后，悲痛不已，伏在坟墓上痛哭。她们一直哭了九天九夜，血泪哭干，死于此地。两位妃子的血泪洒落在九嶷山的翠竹上，人们发现，竹竿上呈现出了点点泪斑，有紫色的，有雪白的，还有血红血红的，这便是"湘妃竹"。

四支

音韵常识 沈约划分的四声为平声、上（shǎng）声、去声、入声四种声调，和现代有所不同。现代汉语的四声又称为阴平、阳平、上（shǎng）声、去声。

原文诵读

quán duì shí　gàn duì zhī　chuī zhú duì tán sī
泉对石，干对枝。吹竹对弹丝。

shān tíng duì shuǐ xiè　yīng wǔ duì lú cí
山亭对水榭，鹦鹉对鸬鹚。

wǔ sè bǐ　shí xiāng cí　pō mò duì chuán zhī
五色笔，十香词。泼墨对传卮。

shén qí hán gàn huà　xióng hún lǐ líng shī
神奇韩幹画，雄浑李陵诗。

jǐ chù huā jiē xīn duó jǐn　yǒu rén xiāng jìng dàn níng zhī
几处花街新夺锦，有人香径淡凝脂。

wàn lǐ fēng yān　zhàn shì biān tóu zhēng bǎo sài
万里烽烟，战士边头争保塞；

yì lí gāo yǔ　nóng fū cūn wài jìn chéng shí
一犁膏雨，农夫村外尽乘时。

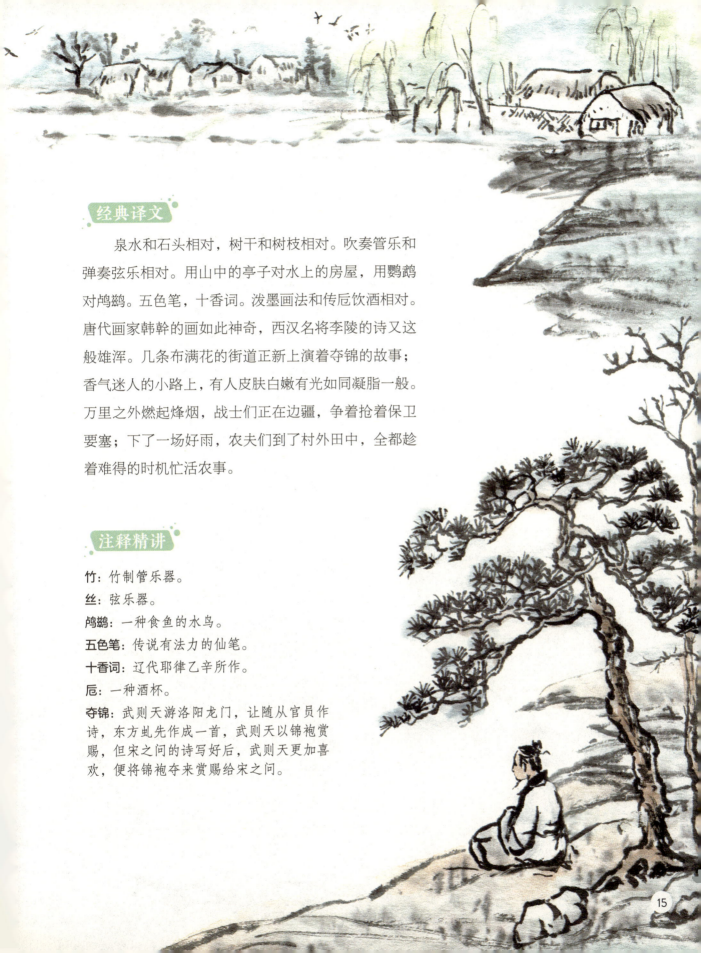

经典译文

　　泉水和石头相对，树干和树枝相对。吹奏管乐和弹奏弦乐相对。用山中的亭子对水上的房屋，用鹦鹉对鸬鹚。五色笔，十香词。泼墨画法和传卮饮酒相对。唐代画家韩幹的画如此神奇，西汉名将李陵的诗又这般雄浑。几条布满花的街道正新上演着夺锦的故事；香气迷人的小路上，有人皮肤白嫩有光如同凝脂一般。万里之外燃起烽烟，战士们正在边疆，争着抢着保卫要塞；下了一场好雨，农夫们到了村外田中，全都趁着难得的时机忙活农事。

注释精讲

竹：竹制管乐器。

丝：弦乐器。

鸬鹚：一种食鱼的水鸟。

五色笔：传说有法力的仙笔。

十香词：辽代耶律乙辛所作。

卮：一种酒杯。

夺锦：武则天游洛阳龙门，让随从官员作诗，东方虬先作成一首，武则天以锦袍赏赐，但宋之问的诗写好后，武则天更加喜欢，便将锦袍夺来赏赐给宋之问。

<ruby>争 zhēng</ruby> <ruby>对 duì</ruby> <ruby>让 ràng</ruby>，<ruby>望 wàng</ruby> <ruby>对 duì</ruby> <ruby>思 sī</ruby>。<ruby>野 yě</ruby> <ruby>葛 gě</ruby> <ruby>对 duì</ruby> <ruby>山 shān</ruby> <ruby>栀 zhī</ruby>。

争对让，望对思。野葛对山栀。

仙风对道骨，天造对人为。

专诸剑，博浪椎。经纬对干支。

位尊民物主，德重帝王师。

望切不妨人去远，心忙无奈马行迟。

金屋闭来，赋乞茂林题柱笔；

玉楼成后，记须昌谷负囊词。

经典译文

　　争抢和谦让相对，遥望和相思相对。野生的葛和山上的栀子相对。神仙风韵与道家风骨相对，天生和后天人为相对。刺客专诸的剑，博浪沙狙击秦王的大铁椎。经纬和干支相对。地位尊贵可以是百姓和物产的主人，德行高尚才能成为帝王的老师。迫切地遥望，也阻止不了离人远去，心中再急也拿马行路迟缓没有办法。陈阿娇被冷落，只能乞求司马相如写赋以求感动汉武帝；李贺去世了，人们应当记得他让书童背着锦囊，写了诗就投放进去的故事。

专诸刺王僚

　　春秋时期，吴国君主诸樊有三个弟弟：大弟余祭、二弟夷、三弟季札。季札贤明，诸樊就不立太子，按礼制传位余祭，兄弟依次传位。但夷死后，季札不想受国，隐匿而去。依据祖规，该诸樊的大儿子公子姬光继任，但夷的儿子僚却自立吴王。

　　公子姬光暗中谋划夺取君位。伍子胥引荐了屠户专诸，称此人英武有力，孝顺母亲，才德兼备。公子姬光十分优待专诸和他的母亲，专诸感念其恩。

　　吴王僚爱吃烤鱼，专诸便提议设宴招待王僚，伺机刺杀。时机成熟后，公子姬光对王僚说邀请他到家中赴宴。王僚虽然答应了，但怕公子姬光对自己不利，吩咐从王室到赴宴的厅堂布满甲兵，自己更是穿了三重盔甲。

　　宴会气氛正热烈时，专诸进献烤鱼，双手举着托盘，被两列武士架着胳膊，跪在地上用膝盖行走。到了王座跟前，专诸突然从鱼肚中抽出利剑刺向王僚，王僚被当场刺死。旁边卫士刀戟齐齐刺向专诸，专诸也当场死亡。

　　公子姬光刺杀王僚成功，便继任了国君，成为名噪历史的吴王阖闾。

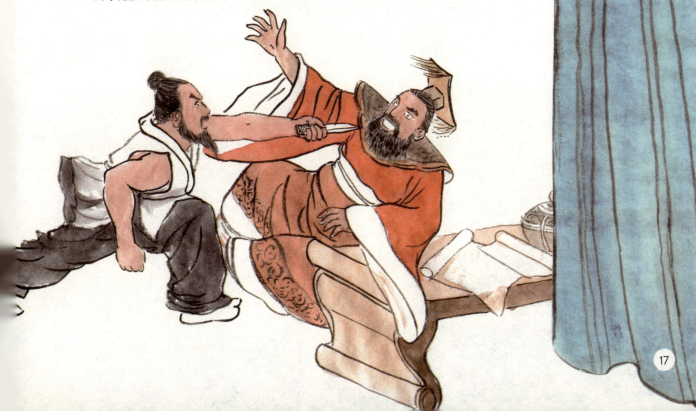

五微

音韵常识 古代的平声包括今天的阴平和阳平，也就是说，现在的一声和二声两种声调在古代都被归入平声。音韵学中称这种转变为"平分阴阳"。

原文诵读

xián duì shèng　shì duì fēi　jué ào duì cān wēi
贤对圣，是对非。觉奥对参微。

yú shū duì yàn zì　cǎo shè duì chái fēi
鱼书对雁字，草舍对柴扉。

jī xiǎo chàng　zhì zhāo fēi　hóng shòu duì lù féi
鸡晓唱，雉朝飞。红瘦对绿肥。

jǔ bēi yāo yuè yǐn　qí mǎ tà huā guī
举杯邀月饮，骑马踏花归。

huáng gài néng chéng chì bì jié　chén píng shàn jiě bái dēng wēi
黄盖能成赤壁捷，陈平善解白登危。

tài bái shū táng　pù quán chuí dì sān qiān zhàng
太白书堂，瀑泉垂地三千丈；

kǒng míng cí miào　lǎo bǎi cān tiān sì shí wéi
孔明祠庙，老柏参天四十围。

经典译文

　　贤者和圣人相对，是与非相对。明白世事奥妙和参透细微的道理相对。鱼书和雁字相对，茅草房和柴门相对。雄鸡在天亮时分啼鸣，雉鸟在早晨飞翔。雨后被淋得瘦弱的花和肥硕的绿叶相对。举起酒杯邀请明月共饮，骑马从花中穿行归来。黄盖用苦肉计诈降曹军最终取得了赤壁之战的胜利，谋士陈平很好地帮助刘邦解除了白登山的围困。

　　李白曾在诗中描述瀑布飞流而下犹如有三千丈；在祭祀孔明的祠庙旁，参天的柏树十分粗壮像是有四十围。

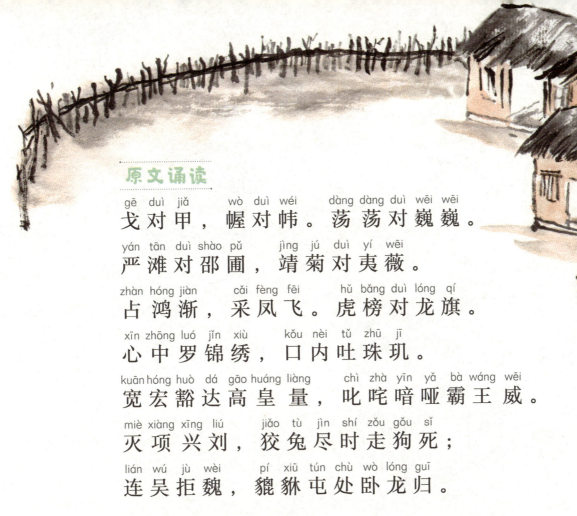

gē duì jiǎ　　wò duì wéi　　dàng dàng duì wēi wēi
戈 对 甲， 幄 对 帏。 荡 荡 对 巍 巍。

yán tān duì shào pǔ　　jìng jú duì yí wēi
严 滩 对 邵 圃， 靖 菊 对 夷 薇。

zhàn hóng jiàn　　cǎi fèng fēi　　hǔ bǎng duì lóng qí
占 鸿 渐， 采 凤 飞。 虎 榜 对 龙 旗。

xīn zhōng luó jǐn xiù　　kǒu nèi tǔ zhū jī
心 中 罗 锦 绣， 口 内 吐 珠 玑。

kuān hóng huò dá gāo huáng liàng　　chì zhà yīn yǎ bà wáng wēi
宽 宏 豁 达 高 皇 量， 叱 咤 喑 哑 霸 王 威。

miè xiàng xīng liú　　jiǎo tù jìn shí zǒu gǒu sǐ
灭 项 兴 刘， 狡 兔 尽 时 走 狗 死；

lián wú jù wèi　　pí xiū tún chù wò lóng guī
连 吴 拒 魏， 貔 貅 屯 处 卧 龙 归。

　　长戈和铠甲相对，幄和帷相对。浩荡和巍峨相对。严子陵的江滩和邵平的瓜圃相对，陶渊明的菊花和伯夷的薇菜相对。占卜出现渐卦，利于嫁女，齐懿公女儿出嫁，卦辞"凤凰于飞，和鸣锵锵"象征吉祥。虎榜和龙旗相对。心中才华如华美的锦绣，出口词句优美犹如玉石。汉高祖刘邦豁达宽容很有气度，西楚霸王项羽怒吼呼啸威武霸气。灭掉项羽兴旺了刘邦，帮助主人猎兔的狗却难逃被烹食的命运；联合吴国抵抗魏国，勇猛将士屯兵之处就是诸葛亮鞠躬尽瘁的地方。

火烧曹营

东汉末年，曹操率军南下，在长江赤壁和东吴、蜀汉联军对峙，但联军人数远远少于曹操率领的魏军。两国军师诸葛亮、周瑜都认为应用火攻，才能以少胜多。但是要用什么办法才能在曹营点火呢?

东吴老将黄盖向周瑜提出可以使用"苦肉计"。于是，两人故意在众人面前起了冲突，周瑜下令，当着大家的面毒打了黄盖一顿。到了晚上，黄盖就偷偷派人给曹操送去了投降书，表示愿意投降曹操，并趁机偷运东吴的粮草前往曹营。

曹操询问了自己安插在东吴的眼线后，得知黄盖被打，便对投降书信以为真。第二天夜里，曹操见黄盖带着二十艘盖着黑布的船往曹营驶来，便以为是黄盖运了粮草来投降，毫无防备。这时，诸葛亮"借"的东风刮起来了，而黄盖大手一挥，身后二十艘船竟然都燃烧起来，趁着东风快速冲向了曹营——原来船里装的不是粮草，而是柴火、油脂等易燃物。曹军都是北方人，不习水性，为了让船平稳，用铁链把船锁在了一起。烧着的船一过来，曹营就变成了一片火海。蜀吴联军不战而胜，这就是著名的"火烧赤壁"的故事。

六鱼

音韵常识 细心的小朋友会发现，现代汉语中，入声消失了。其实这是因为随着汉语的发展演变，字的声调也逐渐发生了改变。在语音转变的过程中，入声字逐渐转入平声、上声、去声三种声调中，人们把这个过程叫"入派三声"。

原文诵读

gēng duì fàn　　liǔ duì yú　　duǎn xiù duì cháng jū
羹对饭，柳对榆。短袖对长裾。

jī guān duì fèng wěi　　sháo yào duì fú qú
鸡冠对凤尾，芍药对芙蕖。

zhōu yǒu ruò　　hàn xiàng rú　　wáng wū duì kuāng lú
周有若，汉相如。王屋对匡庐。

yuè míng shān sì yuǎn　　fēng xì shuǐ tíng xū
月明山寺远，风细水亭虚。

zhuàng shì yāo jiān sān chǐ jiàn　　nán ér fù nèi wǔ chē shū
壮士腰间三尺剑，男儿腹内五车书。

shū yǐng àn xiāng　　hé jìng gū shān méi ruǐ fàng
疏影暗香，和靖孤山梅蕊放；

qīng yīn qīng zhòu　　yuān míng jiù zhái liǔ tiáo shū
轻阴清昼，渊明旧宅柳条舒。

　　汤羹和饭相对，柳树和榆树相对。短衣袖和长衣襟相对。用鸡冠对凤凰的尾巴，用芍药对荷花。东周的有若，汉代的司马相如。王屋山和庐山相对。月光明朗洒向山中寺庙，显得更为幽远；细细的微风吹皱水中亭子的倒影，看起来模糊不清。壮士的腰间配着三尺长剑威风凛凛，男儿的腹中饱含学问博学多识。树影稀疏，香气幽暗，是孤山上林和靖偏爱的梅花开了；树荫微薄，白日清爽，是陶渊明老房子旁的五棵柳树枝条舒展的结果。

注释精讲

疏影暗香：写梅名句"疏影横斜水清浅，暗香浮动月黄昏"，作者林逋，后人称为和靖先生。

渊明旧宅柳条舒：陶渊明号五柳先生，因老房子旁有五棵柳树。

原文诵读

wú duì rǔ　ěr duì yú　xuǎn shòu duì shēng chú
吾对汝，尔对余。选授对升除。

shū jí duì yào guì　lěi sì duì yōu chú
书籍对药柜，耒耜对耰锄。

shēn suī lǔ　huí bù yú　fá yuè duì yán lú
参虽鲁，回不愚。阀阅对阎闾。

zhū hóu qiān shèng guó　mìng fù qī xiāng chē
诸侯千乘国，命妇七香车。

chuān yún cǎi yào wén xiān rén　tà xuě xún méi cè sāi lú
穿云采药闻仙人，踏雪寻梅策塞驴。

yù tù jīn wū　èr qì jīng líng wéi rì yuè
玉兔金乌，二气精灵为日月；

luò guī hé mǎ　wǔ xíng shēng kè zài tú shū
洛龟河马，五行生克在图书。

吾和汝相对，尔和余相对。量才选官和授予官职相对。用书籍对药柜，用翻土的耒耜对平田的耰、锄草的锄。曾参虽然迟钝（但非常孝顺），颜回并不愚笨。用记功的柱子对高大的门楼。拥有千辆战车的诸侯国，乘坐华贵车辆的贵妇。东汉的刘晨、阮肇翻山越岭，穿入云层采药遇到了仙女；唐代诗人孟浩然曾骑着瘸足的驴在灞上踏着雪寻找梅花。玉兔和金乌，这两个明朗、灵动的东西就是日月；洛河中出现的龟背负的书、黄河里出现的马背负的图，其中有五行相生相克的道理。

注释精讲

吾、余：我。

汝、尔：你。

参、回：均为孔子弟子。

乘：古代战车单位，一车四马为一乘。

玉兔、金乌：传说月中有玉兔捣药，太阳中有金黄色的三足乌鸦。

五行：指金、木、水、火、土。

愚公移山

传说愚公快九十岁了，住在太行、王屋两座山的北面，出门、回家都不方便。于是他召集全家商量："咱们尽力挖平这两座大山，让道路一直通到家门口吧。"大家都表示了赞同。于是，愚公和儿孙中能挑担子的三个人上了山，凿石挖土，再用簸箕、背篓运到渤海边上。冬夏更迭，一年才能往返一次。

住在河湾上的智叟讥笑愚公："你太不聪明了！凭你剩下的这点年岁和力气，就要连山上的一棵草都拔不动了，还能把这些泥石怎么样呢？"愚公回答："即使我死了，儿子们还在，之后还会有孙子，子子孙孙无穷无尽，可山又不会增高，还怕挖不平吗？"

山神听说后，很怕山最终会被挖平，赶紧向天帝报告了这件事。天帝被愚公的诚心感动，便命令大力神夸娥氏的两个儿子把这两座山背走了。

七虞

音韵常识

在现代汉语中，古时的入声字实际上是分入了一声、二声、三声、四声四种声调中，因此普通话中已经没有入声字了，这种声调仅仅存在于江浙、福建、广东等地的一些方言中。

原文诵读

luó duì qǐ　　míng duì shū　　　bǎi xiù duì sōng kū
罗对绮，茗对蔬。柏秀对松枯。

zhōng yuán duì shàng sì　　　fǎn bì duì huán zhū
中元对上巳，返璧对还珠。

yún mèng zé　　dòng tíng hú　　yù zhú duì bīng hú
云梦泽，洞庭湖。玉烛对冰壶。

cāng tóu xī jiǎo dài　　　lǜ bìn xiàng yá shū
苍头犀角带，绿鬓象牙梳。

sōng yīn bái hè shēng xiāng yìng　　jìng lǐ qīng luán yǐng bù gū
松阴白鹤声相应，镜里青鸾影不孤。

zhú hù bàn kāi　　　duì yǒu bù zhī rén zài fǒu
竹户半开，对牖不知人在否；

chái mén shēn bì　　　tíng chē hái yǒu kè lái wú
柴门深闭，停车还有客来无。

注释精讲

罗、绮：分别为带稀疏小孔、花纹的丝织品。

中元：中元节，农历七月十五。

上巳：上巳节，农历三月初三。

璧：古代一种珍贵的玉器。

云梦泽：古代大泽名，在今天洞庭湖一带。

"镜里"句：传说鸾鸟找到同类才会鸣叫，罽宾国王曾得到一只，但终年不鸣，便把镜子放在它面前。鸾鸟以为看到同伴，高声悲鸣，奋力一飞而死。

　　罗和绮相对，茶茗和菜蔬相对。茂盛的柏树和枯老的松树相对。中元节和上巳节相对，归来的璧玉和返还的珍珠相对。云梦泽，洞庭湖。如玉的蜡烛和盛冰的玉壶相对。用犀角带系上苍白头发的老人，用象牙梳梳秀美头发的年轻女子。在松荫之下白鹤声声相应，青鸾鸟看着镜中的自己身影不再孤单。竹门半开着，对面的窗户里不知道有没有人在；柴门紧闭，停下车来不知还有没有客人要来。

jūn duì fù　　wèi duì wú　　běi yuè duì xī hú
君对父，魏对吴。北岳对西湖。

cài shū duì chá chuǎn　　jù téng duì chāng pú
菜蔬对茶荈，苣藤对菖蒲。

méi huā shù　　zhú yè fú　　tíng yì duì shān hū
梅花数，竹叶符。廷议对山呼。

liǎng dū bān gù fù　　bā zhèn kǒng míng tú
两都班固赋，八阵孔明图。

tián qìng zǐ jīng táng xià mào　　wáng bāo qīng bǎi mù qián kū
田庆紫荆堂下茂，王裒青柏墓前枯。

chū sài zhōng láng　　dī yǒu rǔ shí guī hàn shì
出塞中郎，羝有乳时归汉室；

zhì qín tài zǐ　　mǎ shēng jiǎo rì fǎn yān dū
质秦太子，马生角日返燕都。

君主和父亲相对，魏国和吴国相对。北岳恒山和杭州西湖相对。用蔬菜对茶叶，用芝麻对菖蒲。用来占卜的梅花数对竹使符。朝廷里的议论和对皇帝山呼般的称颂相对。班固创作了《两都赋》，诸葛亮创作了"八阵图"。田庆家堂下的紫荆茂盛如初，王裒的泪水令墓前的柏树枯死了。苏武出使边塞被扣押，匈奴单于说公羊生出小羊羔才让他回家；在秦朝做人质的燕国太子丹，秦王告诉他马长出角的那天他才能返回燕国。

竹叶符：竹使符，汉代分给郡国守相的信符，削竹制成。

班固：东汉文学家、史学家。

"田庆"句：田庆兄弟三人要分家，堂下的紫荆突然分成三段而枯萎，不再分家后，紫荆树又奇迹般复活。

"王裒"句：王裒在父亲墓旁悲泣时滴落的泪水令柏树枯死。

▋故事链接

买椟还珠

　　从前，有个楚国珠宝商人得到了一颗非常美丽的珍珠，他想卖个好价钱，便制作了一个极其精致的盒子来装它。

　　他请来一位手艺高超的木匠来制作这个盒子。盒子用上好的木兰木雕成，用桂椒调制的香料熏制，用珠宝和宝玉作为盒子的点缀，又装饰上翡翠和美玉，商人这才觉得满意。

　　商人把珍珠装进盒子里，拿到市场上去卖。一个郑国的商人将盒子拿到手里，赏玩半天，爱不释手，最终买下了这盒珍珠。但出人意料的是，这个郑国人买完之后，却把盒子里的珍珠还给了商人，只拿着那个精美的盒子离开了。这就是"买椟还珠"的故事。

　　后来人们常用这个故事比喻本末倒置、取舍不当的行为。

八齐

小朋友们可能听过，古人写诗作对时要讲平仄。"平仄"实际上指的就是平声和仄声两种声调。

原文诵读

luán duì fèng　quǎn duì jī
鸾对凤，犬对鸡。

sài běi duì guān xī
塞北对关西。

cháng shēng duì yì zhì　lǎo yòu duì máng ní
长生对益智，老幼对旄倪。

bān zhú cè　jiǎn tóng guī
颁竹策，剪桐圭。

bō zǎo duì zhēng lí
剥枣对蒸梨。

mián yāo rú ruò liǔ　nèn shǒu sì róu tí
绵腰如弱柳，嫩手似柔荑。

jiǎo tù néng chuān sān xué yǐn　jiāo liáo quán jiè yì zhī qī
狡兔能穿三穴隐，鹪鹩权借一枝栖。

lù lǐ xiān shēng　cè zhàng chuí shēn fú shào zhǔ
角里先生，策杖垂绅扶少主；

yú líng zhòng zǐ　bì lú zhī lǚ lài xián qī
於陵仲子，辟纑织履赖贤妻。

经典译文

鸾鸟和凤凰相对,狗和鸡相对。长城以北和函谷关以西相对。用长生不老对增益智慧,用老幼对旄倪。颁发竹制策令,将桐叶剪成圭形用来分封。打枣和蒸梨相对。绵软的腰肢如同柔弱的柳条,手像刚出生的茅草芽一样柔嫩。狡猾的兔子能够挖掘三个洞用于藏身,鹪鹩只需要借助一根树枝就可以栖身。汉初的甪里先生,拄着拐杖,垂着大腰带,辅佐太子刘盈;陈仲子隐居于陵,和妻子二人织布编鞋,相互依靠着生活。

注释精讲

旄: 老人。

倪: 幼儿。

剪桐圭: 指周成王把桐叶剪成圭的形状分封自己的弟弟。

鹪鹩: 一种鸟。

甪里: 汉初隐士。

绅: 古代士大夫系在腰部的大带子。

仲子: 战国齐人陈仲子,隐居於陵。

辟纑: 将麻搓成线,指织布。

míng duì fèi　　fàn duì qī　　yàn yǔ duì yīng tí
鸣对吠，泛对栖。燕语对莺啼。

shān hú duì mǎ nǎo　　hǔ pò duì bō lí
珊瑚对玛瑙，琥珀对玻璃。

jiàng xiàn lǎo　　bó zhōu lí　　cè lí duì rán xī
绛县老，伯州犁。测蠡对燃犀。

yú huái kān zuò yīn　　táo lǐ zì chéng xī
榆槐堪作荫，桃李自成蹊。

tóu wū jiù nǚ xī mén bào　　lìn huàn féng qī bǎi lǐ xī
投巫救女西门豹，赁浣逢妻百里奚。

quē lǐ mén qiáng　　lòu xiàng guī mó yuán bú lòu
阙里门墙，陋巷规模原不陋；

suí dī jī zhǐ　　mí lóu zōng jì yì quán mí
隋堤基址，迷楼踪迹亦全迷。

鸡鸣和狗吠相对，漂浮和栖息相对。燕子的鸣叫和莺鸟的啼声相对。用珊瑚对玛瑙，用琥珀对玻璃。绛县的一位老人，楚国太宰伯州犁。用瓢测量海水和点燃犀牛角仔细观察相对。榆树、槐树都可以形成树荫，桃树、李树下自然就会形成小路。西门豹将女巫投入水中救了无辜女子，百里奚雇了一个洗衣妇发现竟然是自己的妻子。阙里的门墙，陋巷因为有了颜回这位君子居住而不再简陋；隋堤的基址，迷楼的踪迹现在都已经无人知晓了。

狡兔三窟

春秋时期，齐国有位叫孟尝君的贵族，家中养了三千门客。其中有一位叫冯谖的人，平时什么都不做，但孟尝君还是热情地对待他。一天，冯谖替孟尝君到薛地收租，但薛地土地贫瘠，百姓贫苦，冯谖就以孟尝君的名义，烧毁债券，免去了薛地百姓的租金。孟尝君知道后很是生气，责问冯谖。冯谖却回答："我不过是用钱替您买回了'仁义'。"

后来，孟尝君被齐国解除相国职位，前往薛地定居，受到百姓们的欢迎，这才了解了冯谖的苦心。

冯谖说："狡猾的兔子都有三个藏身的洞穴，您现在才只有一个安身地，还不能掉以轻心。"于是，冯谖前去劝说梁惠王，让孟尝君帮他治理国家，梁国会更加强盛。于是梁惠王便派人去请孟尝君，并承诺他重要的官职。但梁惠王请了三次，冯谖都没让孟尝君答应。另一面，冯谖又将梁国派人请孟尝君的消息传递给齐王，齐王一听十分着急，便派人去请孟尝君继续回到齐国当相国。冯谖则让孟尝君向齐王要到了齐国的祖传祭器，并在薛地建立宗庙，从而确保薛地安全。这一切都做完后，冯谖才对孟尝君说："您现在已经有了三个安身之处，可以高枕无忧了。"

九佳

音韵常识

平声包括现在的阴平和阳平（也就是一声和二声）。仄声包括"上、去、入"三声，但由于"入派三声"，排除已经转入平声的部分，古时的仄声基本可以等同于现代汉语中的上声和去声，也就是三声和四声两种声调。

原文诵读

mén duì hù　　mò duì jiē
门对户，陌对街。

zhī yè duì gēn gāi
枝叶对根荄。

dòu jī duì huī zhǔ　　fèng jì duì luán chāi
斗鸡对挥麈，凤髻对鸾钗。

dēng chǔ xiù　　dù qín huái
登楚岫，渡秦淮。

zǐ fàn duì fū chāi
子犯对夫差。

shí dǐng lóng tóu suō　　yín zhēng yàn chì pái
石鼎龙头缩，银筝雁翅排。

bǎi nián shī lǐ yán yú qìng　　wàn lǐ fēng yún rù zhuàng huái
百年诗礼延余庆，万里风云入壮怀。

néng biàn míng lún　　sǐ yǐ yě zāi bēi jì lù
能辨名伦，死矣野哉悲季路；

bù yóu jìng dòu　　shēng hū yú yě yǒu gāo chái
不由径窦，生乎愚也有高柴。

经典译文

门和窗相对，田间小路和街道相对。枝叶和植物的根相对。斗鸡这个游戏和挥动麈尾的风尚相对，凤形的发髻和鸾形的钗子相对。登楚国的山，渡秦淮河。子犯和吴王夫差相对。石鼎上雕刻着缩着的龙头，银饰的古筝上排列着大雁的翅膀。长期接受儒家经典熏陶的家庭会将福泽延续给子孙后代，雄壮的胸怀可以容纳万里风云。能很好地分辨名分伦常，悲叹粗野的子路最终死去；不从小路和孔洞中脱身，高柴虽然愚钝却得以保全性命。

注释精讲

挥麈： 挥动由鹿尾做成的拂尘。

子犯： 狐偃，春秋时晋文公舅父。

夫差： 春秋时吴国的国君。

诗礼： 《诗经》和三《礼》。

余庆： 留给子孙的福泽。

季路、高柴： 均为孔子学生。

guān duì lǚ　　wà duì xié
冠对履，袜对鞋。

hǎi jiǎo duì tiān yá
海角对天涯。

jī rén duì hǔ lǚ　　liù shì duì sān jiē
鸡人对虎旅，六市对三街。

chén zǔ dòu　　xì duī mái
陈俎豆，戏堆埋。

jiǎo jiǎo duì ái ái
皎皎对皑皑。

xián xiàng jù dōng gé　　liáng péng jí xiǎo zhāi
贤相聚东阁，良朋集小斋。

mèng lǐ shān chuān shū yuè jué　　zhěn biān fēng yuè jì qí xié
梦里山川书越绝，枕边风月记齐谐。

sān jìng xiāo shū　　péng zé gāo fēng yí wǔ liǔ
三径萧疏，彭泽高风怡五柳；

liù cháo huá guì　　láng yá jiā qì zhòng sān huái
六朝华贵，琅琊佳气种三槐。

　　用冠和履相对，袜子和鞋相对。用海角和天涯相对。报晓的官人和勇猛的军队相对，六市和三街相对。孔子摆设俎豆礼器，练习祭祀的礼仪；孟子小时候曾住在墓地旁，跟着学会了玩办理丧事的游戏。月光的皎洁和白雪的皑皑相对。贤明的丞相在东边的楼阁聚集宾客，好朋友们在小斋里一起相会。《越绝书》记述了梦中的山川景物，《齐谐记》描写了男女枕边的情事。归隐者的道路萧条稀疏，陶渊明高风亮节以屋旁的五棵柳树愉悦身心；琅琊的王氏家族历经六朝豪华富贵，有着和美祥瑞的云气，使后代高官辈出。

六市：泛指大街闹市。

三街：泛指各个街道。

俎：礼器，案几。

豆：礼器，形状像"豆"字，是盛菜、酱之类的器具。

贤相：这里指西汉丞相公孙弘。

十灰

原文诵读

zhāo duì mù　　qù duì lái
朝对暮，去对来。

shù yǐ duì kāng zāi
庶矣对康哉。

mǎ gān duì jī lèi　　xìng yǎn duì táo sāi
马肝对鸡肋，杏眼对桃腮。

jiā xìng shì　　hǎo huái kāi
佳兴适，好怀开。

shuò xuě duì chūn léi
朔雪对春雷。

yún yí zhī què guàn　　rì shài fèng huáng tái
云移鸂鹊观，日晒凤凰台。

hé biān shū qì yíng fāng cǎo　　lín xià qīng fēng dài luò méi
河边淑气迎芳草，林下轻风待落梅。

liǔ mèi huā míng　　yàn yǔ yīng shēng hún shì xiào
柳媚花明，燕语莺声浑是笑；

sōng háo bǎi wǔ　　yuán tí hè lì zǒng chéng āi
松号柏舞，猿啼鹤唳总成哀。

　　早晨和傍晚相对，去和来相对。用人口繁盛和太平安康相对。用马肝和鸡肋相对，用女孩子像杏子一样的大眼睛和粉红色的脸颊相对。好的兴致刚刚到来，心情十分畅快。北方的雪和春天的雷相对。云朵移到了鹓鶒观，日头晒着凤凰台。河边温暖的气息迎接芳草生长，树林下的轻风刮过等待着梅花落下。柳条儿美好可爱，花朵鲜艳明亮，燕子和莺的叫声听上去满是笑声一片；松树在风中呼号，柏树在风中舞动，猿猴的啼声和鹤的鸣叫听起来都充满了哀愁。

马肝： 马肝味劣，比喻琐碎没有太大意义的事物。

鸡肋： 鸡的肋骨，比喻价值不大又不舍丢弃的东西。

鹓鶒观： 道观名，汉武帝所建。

凤凰台： 传南朝宋时，有凤凰落于建康（今南京），于是建凤凰台。

浑： 全，满。

zhōng duì xìn bó duì gāi   cǔn duó duì yí cāi
忠对信，博对赅。忖度对疑猜。

xiāng xiāo duì zhú àn   què xǐ duì qióng āi
香消对烛暗，鹊喜对蛩哀。

jīn huā bào   yù jìng tái   dào jiǎ duì xián bēi
金花报，玉镜台。倒斝对衔杯。

yán diān héng lǎo shù   shí dèng fù cāng tái
岩巅横老树，石磴覆苍苔。

xuě mǎn shān zhōng gāo shì wò   yuè míng lín xià měi rén lái
雪满山中高士卧，月明林下美人来。

lù liǔ yán dī   jiē yīn sū zǐ lái shí zhòng
绿柳沿堤，皆因苏子来时种；

bì táo mǎn guàn   jìn shì liú láng qù hòu zāi
碧桃满观，尽是刘郎去后栽。

经典译文

用忠诚和诚信相对，广博和完备相对。用推测和猜疑相对。香逐渐燃尽和蜡烛变暗直至熄灭相对，喜鹊叫声欢快对应蟋蟀鸣声哀怨。报喜的金花贴，用作嫁妆的玉镜台。向斝中倒酒与口衔酒杯喝酒相对。岩石顶部横生着一株老树，石阶上长满了青苔。积雪满山，高士袁安在家酣睡不出；月照树林，林下有美人前来。翠绿的柳树布满了堤岸，它们都是苏轼在任时所种；玄都观中碧桃树到处都是，它们都是刘禹锡离开之后所栽。

故事链接

杨修之死

　　《三国演义》中的曹操非常善妒。杨修是曹操军中主簿，很有才华，却恃才傲物，不懂收敛，自然遭到了曹操的嫉妒。

　　在一次出兵攻打蜀军时，曹军被困斜谷界口。曹操正思考对策，厨师端着一碗鸡汤送进了帐篷。曹操瞥见汤中的鸡肋，心中感叹：自己的处境正和这鸡肋相似啊。这时，将领夏侯惇来询问夜间巡逻的口号，曹操就随口答道："鸡肋。"

　　杨修听见这个口号后，说："鸡肋这种食物，要吃，没有多少肉；不吃，扔了又可惜。现在魏军进不能进，退兵又怕被人笑话，可继续待着又实在没什么好处，跟这鸡肋正相似。魏王早晚还是要班师回去的，不如现在早早收拾，免得到时候慌乱。"

　　曹操听到这番话后大吃一惊，觉得杨修完全猜中了自己的想法，对他更加忌讳，便给他安了个"扰乱军心"的罪名，将他杀掉了。

十一真

写诗时，除了对声调（平仄）有所要求，对韵母也有严格的要求，简单来说，就是要求韵母相同或相近。

原文诵读

lián duì jú　　fèng duì lín　　　zhuó fù duì qīng pín
莲 对 菊， 凤 对 麟。 浊 富 对 清 贫。

yú zhuāng duì　fó shè　　sōng gài duì huā yīn
渔 庄 对 佛 舍， 松 盖 对 花 茵。

luó yuè sǒu　　gě tiān mín　　　guó bǎo duì jiā zhēn
萝 月 叟， 葛 天 民。 国 宝 对 家 珍。

cǎo yíng jīn liè mǎ　　　huā zuì yù lóu rén
草 迎 金 埒 马， 花 醉 玉 楼 人。

cháo yàn sān chūn cháng huàn yǒu　　sài hóng bā yuè shǐ lái bīn
巢 燕 三 春 尝 唤 友， 塞 鸿 八 月 始 来 宾。

gǔ wǎng jīn lái　　shuí jiàn tài shān céng zuò　lì
古 往 今 来， 谁 见 泰 山 曾 作 砺；

tiān cháng dì　jiǔ　　　rén chuán cāng hǎi　jǐ yáng chén
天 长 地 久， 人 传 沧 海 几 扬 尘。

经典译文

　　莲花和菊花相对，凤凰和麒麟相对。富贵对应贫穷。打渔人的村庄与供奉佛的寺庙相对，松枝繁茂大如伞盖对应花开繁盛如同垫子。藤萝月下的老人，葛天氏时代的民众。国之珍宝和家中珍贵之物相对。用草来迎接宝马，美丽的鲜花使玉楼上的人陶醉。巢中燕子在春天常常呼朋唤友，边塞大雁到八月才飞到南方做客。古往今来，谁见过泰山变得像磨刀石一样；天长地久，有人传言大海已好几次变成桑田扬起尘土了。

注释精讲

麟：麒麟，传说中象征吉祥的神兽。

茵：垫子。

金埒：用钱币编成矮墙的骑马射箭场。

xiōng duì dì   lì duì mín   fù zǐ duì jūn chén   gōu dīng duì fǔ jiǎ   fù mǎo duì

兄对弟，吏对民。父子对君臣。勾丁对甫甲，赴卯对

tóng yín   zhé guì kè   zān huā rén   sì hào duì sān rén   wáng qiáo yún wài xì   guō

同寅。折桂客，簪花人。四皓对三仁。王乔云外舄，郭

tài yǔ zhōng jīn   rén jiāo hǎo yǒu qiú sān yì   shì yǒu xián qī bèi wǔ lún   wén jiào

泰雨中巾。人交好友求三益，士有贤妻备五伦。文教

nán xuān   wǔ dì píng mán kāi bǎi yuè   yì qí xī zhǐ   hán hóu fú hàn juǎn sān qín

南宣，武帝平蛮开百越；义旗西指，韩侯扶汉卷三秦。

兄长和弟弟相对，官吏和民众相对。父子和君臣相对。用勾丁和甫甲相对，用赶点上班和同僚相对。考试得中的人，戴花的人。汉初的商山四皓和殷末的三位仁德贤臣相对。王乔从云外乘坐野鸭飞来，落地之后野鸭就变成了鞋子；东汉才子郭泰被雨淋湿的头巾的形状被人竞相模仿。人结交好朋友要结交正直、宽容、见识广博三个方面的益友，读书人要娶能够处理君臣、父子、兄弟、夫妇、朋友五种伦常关系的贤惠妻子。汉武帝平定南方各族，开发了百越地区，使文明教化宣传到了南方；淮阴侯韩信率领部队撑起大旗向西挺进，帮助汉高祖刘邦占领了三秦地区。

四皓：隐居商山的四位隐士。
三仁：指微子、箕子和比干。
舄：古代底上垫有木板的鞋，泛指鞋。
蛮：古代对南方各族的泛称。
百越：古代南方少数民族总称。
三秦：地名，指关中地区。

音韵常识 押韵是指诗词歌赋最后一字用韵母相同或相近的字，从而读起来朗朗上口，和谐优美。

原文诵读

cí duì fù   lǎn duì qín
词 对 赋 ， 懒 对 勤 。

lèi jù duì qún fēn
类 聚 对 群 分 。

luán xiāo duì fèng dí   dài cǎo duì xiāng yún
鸾 箫 对 凤 笛 ， 带 草 对 香 芸 。

yān xǔ bǐ   hán liǔ wén
燕 许 笔 ， 韩 柳 文 。

jiù huà duì xīn wén
旧 话 对 新 闻 。

hè hè zhōu nán zhòng   piān piān jìn yòu jūn
赫 赫 周 南 仲 ， 翩 翩 晋 右 军 。

liù guó shuì chéng sū zǐ guì   liǎng jīng shōu fù guō gōng xūn
六 国 说 成 苏 子 贵 ， 两 京 收 复 郭 公 勋 。

hàn què chén shū   kǎn kǎn zhōng yán tuī jiǎ yì
汉 阙 陈 书 ， 侃 侃 忠 言 推 贾 谊 ；

táng tíng duì cè   yán yán zhí jiàn yǒu liú fén
唐 廷 对 策 ， 岩 岩 直 谏 有 刘 蕡 。

　　词和赋相对，懒和勤相对。按类别相聚和以
种群划分相对。鸾箫和凤笛相对，带草和香芸相对。
燕国公和许国公的大手笔，韩愈和柳宗元的文章。
陈旧老话和新鲜见闻相对。周朝的南仲战功显赫，
晋代王羲之举止潇洒有风度。苏秦因为成功说服
六国合纵，地位变得尊贵；长安、洛阳的收复，
是郭子仪的功勋。在汉朝的宫廷中上书陈述，理
直气壮地发表忠诚言论的要数贾谊；唐代宫廷里，
神情威严、直言劝谏的有刘蕡。

香芸：香草，俗称七里香。
韩柳：分别指唐代古文大家韩愈和柳宗元。
右军：指晋代王羲之，官至右军将军，人称王右军。

言对笑，绩对勋。

鹿豕对羊羵。

星冠对月扇，把袂对书裙。

汤事葛，说兴殷。

萝月对松云。

西池青鸟使，北塞黑鸦军。

文武成康为一代，魏吴蜀汉定三分。

桂苑秋宵，明月三杯邀曲客；

松亭夏日，薰风一曲奏桐君。

　　言谈和欢笑相对，业绩和功勋相对。鹿和小猪与传说中的精怪羵羊相对。道士帽对应团扇，拉着衣袖对应在衣裙上写字。商汤讨伐不曾祭祀的葛国，傅说帮助殷商振兴。萝中的月亮和松间的云朵相对。西方瑶池的青鸟信使，北方边塞的黑鸦军队。文、武、成、康四位开明君主开创了一个太平盛世，魏、蜀、吴三国三分天下。桂树林中的秋夜，明月之下喝酒的人邀请明月共饮三杯；夏日，松树环绕的亭子里，用古琴演奏一曲《南风歌》。

十三元

古代诗歌有不同类型的体裁，我们熟知的有四句的"绝句"，例如唐代诗人杜甫《绝句》的"两个黄鹂鸣翠柳，一行白鹭上青天。窗含西岭千秋雪，门泊东吴万里船"。

原文诵读

bēi duì zhǎng　　jì duì kūn
卑对长，季对昆。

yǒng xiàng duì cháng mén
永巷对长门。

shān tíng duì shuǐ gé　　lǚ shè duì jūn tún
山亭对水阁，旅舍对军屯。

yáng zǐ dù　　xiè gōng dūn
杨子渡，谢公墩。

dé zhòng duì nián zūn
德重对年尊。

chéng qián duì chū zhèn　　dié kǎn duì chóng kūn
承乾对出震，叠坎对重坤。

zhì shì bào jūn sī quǎn mǎ　　rén wáng yǎng lǎo chá jī tún
志士报君思犬马，仁王养老察鸡豚。

yuǎn shuǐ píng shā　　yǒu kè fàn zhōu táo yè dù
远水平沙，有客泛舟桃叶渡；

xié fēng xì yǔ　　hé rén xié kē xìng huā cūn
斜风细雨，何人携榼杏花村。

经典译文

　　低微和长辈相对，弟弟和兄长相对。永巷对应长门宫。山中的亭子和水边的楼阁相对，旅客住宿的地方和驻扎军队之处相对。杨子渡口对应谢公墩这座山。道德高尚和年纪大相对。上承乾卦和出于东方的震卦相对，坎卦相叠对应坤卦相叠。志向远大的人打算像忠诚的狗和马一样报答君主，仁爱的君主会观察鸡和猪的生长情况准备赡养老人。远处的水面和广阔平坦的沙滩，有人在桃叶渡乘船游玩；斜吹的风，细密的小雨，是谁带着盛酒的器皿来到了杏花村。

注释精讲

季： 兄弟排行中第四或最小的，指弟弟。
永巷： 汉代拘禁犯罪的嫔妃、宫女的地方。
杨子渡： 渡口名。
谢公墩： 山名。
桃叶渡： 渡口名。

jūn duì xiàng　zǔ duì sūn
君对相，祖对孙。

xī zhào duì zhāo xūn
夕照对朝曛。

lán tái duì guì diàn　hǎi dǎo duì shān cūn
兰台对桂殿，海岛对山村。

bēi duò lèi　fù zhāo hún
碑堕泪，赋招魂。

bào yuàn duì huái ēn
报怨对怀恩。

líng mái jīn tǔ qì　tián zhòng yù shēng gēn
陵埋金吐气，田种玉生根。

xiàng fǔ zhū lián chuí bái zhòu　biān chéng huà jiǎo duì huáng hūn
相府珠帘垂白昼，边城画角对黄昏。

fēng yè bàn shān　qiū qù yān xiá kān yǐ zhàng
枫叶半山，秋去烟霞堪倚杖；

lí huā mǎn dì　yè lái fēng yǔ bù kāi mén
梨花满地，夜来风雨不开门。

经典译文

　　君主和辅相相对，祖辈和儿孙相对。夕阳晚照和早晨的昏暗光线相对。兰台和桂殿相对，海上岛屿和山中村落相对。纪念羊祜的碑使人堕泪，宋玉作赋来招魂。报怨和心怀感恩相对。在金陵埋下金子，显示帝王之气；把玉种到土中居然生出了根。宰相府里珍珠做的帘子白天也静静地挂着，边疆城市里画角吹动了整个黄昏。秋天就要过去，半山枫叶在夕阳西下的烟霞里值得拄着拐杖游览；夜间刮风下雨，梨花落了一地，只好闭门不出。

▍故事链接

堕泪碑

羊祜是东汉末年西晋人，才德兼备，曾在湖北襄阳一带任荆州都督。

湖北襄阳历经多年战火，百姓流离失所，生活十分困苦。羊祜在这里任职时，趁着战争减少的时机，减免赋税，降低税收标准，鼓励百姓发展生产，只留下一半士兵巡逻守卫，让另一半士兵去开垦田地，种植粮食蔬菜。这让当地的生产得到了巨大的发展，一年后，军中储备从原来只够吃三个月到足以消耗十年。

羊祜还在当地发展教育，开办学校，让穷苦人家的孩子有学上、有书读。

羊祜为荆州百姓鞠躬尽瘁，最终积劳成疾，与世长辞。当地百姓十分感激他，听到他去世的消息，无不痛哭流涕。羊祜生前和友人游览岘山时，生出许多感慨，人们就在这座山上为他建了一座大理石碑，刻上他的业绩。人们每当经过这座碑石，都会想起羊祜生前的作为，悲从中来，泪流不止。西晋名将杜预因此称此碑石为"堕泪碑"。

十四寒

音韵常识

律诗通常八句，两句一联，一共四联。例如唐代崔颢的《黄鹤楼》："昔人已乘黄鹤去，此地空余黄鹤楼。黄鹤一去不复返，白云千载空悠悠。晴川历历汉阳树，芳草萋萋鹦鹉洲。日暮乡关何处是，烟波江上使人愁。"

原文诵读

féi duì shòu　　zhǎi duì kuān　　huáng quǎn duì qīng luán
肥对瘦，窄对宽。黄犬对青鸾。

zhǐ huán duì yāo dài　　xǐ bō duì tóu gān
指环对腰带，洗钵对投竿。

zhū nìng jiàn　　jìn xián guān　　huà dòng duì diāo lán
诛佞剑，进贤冠。画栋对雕栏。

shuāng chuí bái yù zhù　　jiǔ zhuǎn zǐ jīn dān
双垂白玉箸，九转紫金丹。

shǎn yòu táng gāo huái shào bó　　hé nán huā mǎn yì pān ān
陕右棠高怀召伯，河南花满忆潘安。

mò shàng fāng chūn　　ruò liǔ dāng fēng pī cǎi xiàn
陌上芳春，弱柳当风披彩线；

chí zhōng qīng xiǎo　　bì hé chéng lù pěng zhū pán
池中清晓，碧荷承露捧珠盘。

经典译文

肥和瘦相对，窄和宽相对。黄狗和青鸾鸟相对。指环和腰带相对，清洗钵盂和投放鱼竿钓鱼相对。诛杀佞臣的宝剑，文官头上所戴用来进谏贤才的帽子。有装饰的栋梁和雕花的栏杆相对。鼻中垂下两根白玉箸，经过多次炼制得到的丹药。看到陕地以西地区高高生长的甘棠树，人们就会怀念起治理此地的召公奭；看到河阳县遍地盛开的鲜花，人们就会回忆起此地县令潘安。春天的小路上，柔弱的柳条像披散的彩线一样迎风飘动；清晨的池塘里，碧绿的荷叶承接着露水像是捧着珍珠的盘子。

xíng duì wò　　tīng duì kàn　　lù dòng duì yú tān
行对卧，听对看。鹿洞对鱼滩。

jiāo téng duì bào biàn　　hǔ jù duì lóng pán
蛟腾对豹变，虎踞对龙蟠。

fēng lǐn lǐn　　xuě màn màn　　shǒu là duì xīn suān
风凛凛，雪漫漫。手辣对心酸。

yīng yīng duì yàn yàn　　xiǎo xiǎo duì duān duān
莺莺对燕燕，小小对端端。

lán shuǐ yuǎn cóng qiān jiàn luò　　yù shān gāo bìng liǎng fēng hán
蓝水远从千涧落，玉山高并两峰寒。

zhì shèng bù fán　　xī xì liù líng chén zǔ dòu
至圣不凡，嬉戏六龄陈俎豆；

lǎo lái dà xiào　　chéng huān qī gǔn wǔ bān lán
老莱大孝，承欢七衮舞斑斓。

经典译文

　　走和躺相对，听和看相对。有鹿居住的洞对应有鱼的
水滩。蛟龙腾飞和豹纹变美相对，老虎蹲伏对应龙身盘绕。
寒风凛凛，大雪弥漫。手段毒辣和心头酸楚相对。莺莺和
燕燕相对，苏小小和李端端相对。远处众多山涧中的水汇
成蓝田境内的水，玉山的两座山峰并立高耸让人感到寒意。
至圣的孔子非同寻常，六岁时就开始玩摆设俎豆的祭祀游
戏；老莱子十分孝顺，七十岁了还身穿彩衣在父母面前舞蹈，
想让他们开心。

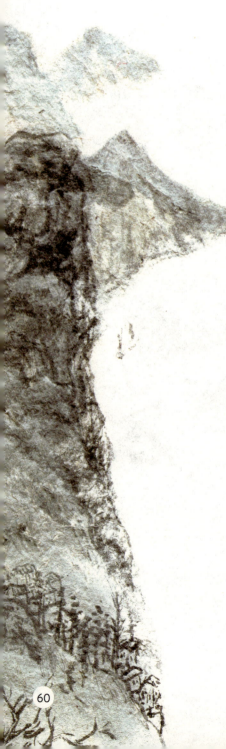

原文诵读

lín duì wù　　lǐng duì luán　　zhòu yǒng duì chūn xián
林对坞，岭对峦。昼永对春闲。

móu shēn duì wàng zhòng　　rèn dà duì tóu jiān
谋深对望重，任大对投艰。

qún niǎo niǎo　　pèi shān shān　　shǒu sài duì dāng guān
裙袅袅，佩珊珊。守塞对当关。

mì yún qiān lǐ hé　　xīn yuè yì gōu wān
密云千里合，新月一钩弯。

shū bǎo jūn chén jiē zòng yì　　chóng huá fù mǔ shì yín wán
叔宝君臣皆纵逸，重华父母是嚚顽。

míng dòng dì jī　　xī shǔ sān sū lái rì xià
名动帝畿，西蜀三苏来日下；

zhuàng yóu jīng luò　　dōng wú èr lù qǐ yún jiān
壮游京洛，东吴二陆起云间。

经典译文

　　树林和山坞相对，高岭和山峦相对。长长的白昼对应空闲的春天。深刻周密的谋略和厚重的名望相对，责任重大和赋予重任相对。裙子随风轻柔地飘动着，玉佩相撞珊珊作响。守卫边塞和把守关隘相对。密布的云绵延千里相互聚合，天上的新月像是一把弯弯的钩子。南朝陈后主和他的臣子都放纵荒淫，虞舜的父母愚昧顽固。西蜀的苏洵、苏轼、苏辙父子三人来到京城，他们的名声很快就传遍了整个都城；东吴的陆机、陆云兄弟二人胸怀大志，从松江县到洛阳远游。

lín duì fǎng   lìn duì qiān   tǎo nì duì píng mán
临对仿，吝对悭。讨逆对平蛮。

zhōng gān duì yì dǎn   wù bìn duì yún huán
忠肝对义胆，雾鬓对云鬟。

mái bǐ zhǒng   làn kē shān   yuè mào duì tiān yán
埋笔冢，烂柯山。月貌对天颜。

lóng qián zhōng dé yuè   niǎo juàn yì zhī huán
龙潜终得跃，鸟倦亦知还。

lǒng shù fēi lái yīng wǔ lù   chí yún mì chù zhè gū bān
陇树飞来鹦鹉绿，池筠密处鹧鸪斑。

qiū lù héng jiāng   sū zǐ yuè míng yóu chì bì
秋露横江，苏子月明游赤壁；

dòng yún mí lǐng   hán gōng xuě yōng guò lán guān
冻云迷岭，韩公雪拥过蓝关。

经典译文

　　临摹和仿照相对，吝啬和悭吝相对。讨伐叛逆者对应平定南方。忠肝和义胆相对，如雾一般秀美的鬓发和像云朵一般高耸的发髻相对。智永禅师埋笔的坟墓，王质斧柄朽烂的山。如月的美貌和天人般的容颜相对。潜入深渊的龙终会跃上天空，飞累了的鸟也知道返回巢穴。陇山的树上飞来了绿色的鹦鹉，池塘边竹丛繁密的地方住着带有斑点的鹧鸪。秋天的露水洒落江面，苏轼在月光明朗的夜晚游览赤壁；严冬的阴云笼罩着山岭，韩愈踏着厚厚的积雪经过蓝田关。

烂柯人

南朝梁的任昉著有《述异记》，专门记述一些奇闻异事，其中有一篇关于围棋的传说，十分迷人。

传说在信安郡（今浙江衢州）有一座石室山，晋代一名叫王质的男子曾到这座山上砍柴，遇到几名童子聚在树下，有的在下棋，有的在唱歌。王质自己就是个棋痴，便走过去认真地看几名童子下棋。其中一人给了王质一块枣核似的东西，王质吃下去之后，就再也没感觉到饥饿。过了一会儿，一局终了，童子看王质还在，便对他说："你怎么还不离开呢？"王质这才想起来要回家。他伸手去摸放在一旁的自己砍柴用的斧头，才发现斧柄早就腐烂了，惊觉时间已经过去了很久。

他下山回村，发现和他相识的人早就已经不在了，他的父母也已过世百年。

因为这个美丽的传说，石室山现在已经改叫"烂柯山"，而很多和围棋有关的故事也常用"烂柯"来指代。

hán duì shǔ　　rì duì nián
寒对暑，日对年。

cù jū duì qiū qiān
蹴鞠对秋千。

dān shān duì bì shuǐ　　dàn yǔ duì qīng yān
丹山对碧水，淡雨对轻烟。

gē wǎn zhuǎn　　mào chán juān
歌宛转，貌婵娟。

xuě fù duì yún jiān
雪赋对云笺。

huāng lú qī nán yàn　　shū liǔ zào qiū chán
荒芦栖南雁，疏柳噪秋蝉。

xǐ ěr shàng féng gāo shì xiào　　zhé yāo kěn shòu xiǎo ér lián
洗耳尚逢高士笑，折腰肯受小儿怜。

guō tài fàn zhōu　　zhé jiǎo bàn chuí méi zǐ yǔ
郭泰泛舟，折角半垂梅子雨；

shān tāo qí mǎ　　jiē lí dǎo zhuó xìng huā tiān
山涛骑马，接䍦倒着杏花天。

寒冬对应酷暑，天对应年。蹴鞠对应秋千。丹红的山对碧绿的水，微微细雨对薄薄轻烟。歌声婉转动听，面貌如月美好。雪赋和云笺相对。大雁南飞，栖息在荒败的芦苇丛中；秋天的知了在稀疏的柳树上乱叫。许由听到尧要给他帝位，去水中洗耳朵，还是被高洁志士嘲笑；陶渊明岂肯折腰接受小人怜悯。郭泰在梅雨季节乘船游玩，头上折角巾被雨淋湿而塌下一角；山涛在杏花开放的春天里骑马出行，头上倒戴着白接䍦。

注释精讲

蹴鞠：中国古代足球游戏。

婵娟：月亮的别称。

云笺：书信的别称。

折腰：弯腰，此处指晋代陶渊明不愿为五斗米折腰。

郭泰：人名，东汉人。

山涛：晋代名士，竹林七贤之一。

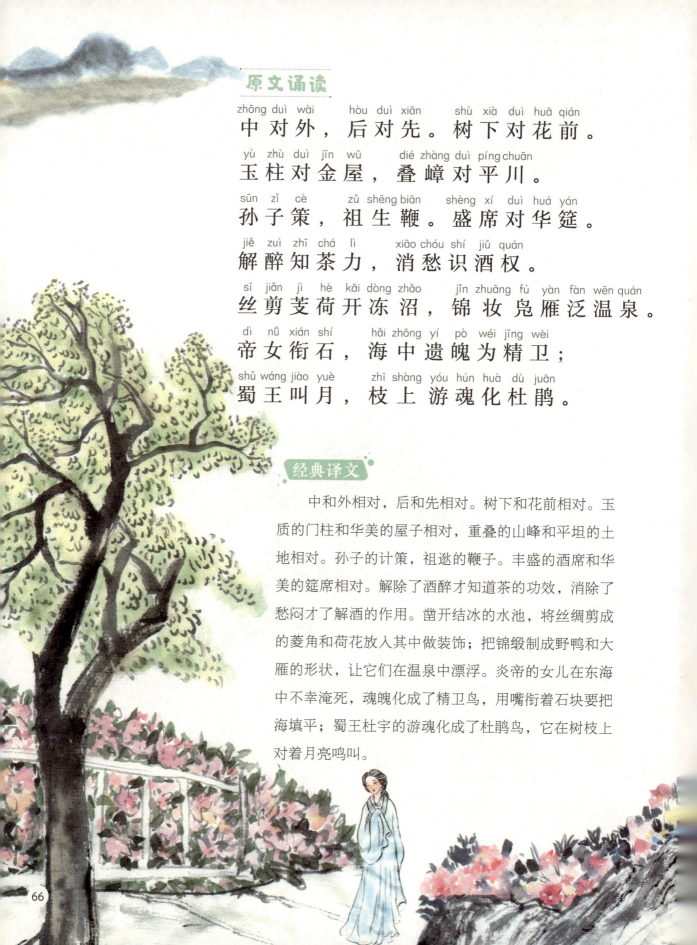

<ruby>中<rt>zhōng</rt></ruby> 对 外，后 对 先。树 下 对 花 前。

中对外，后对先。树下对花前。

玉柱对金屋，叠嶂对平川。

孙子策，祖生鞭。盛席对华筵。

解醉知茶力，消愁识酒权。

丝剪芰荷开冻沼，锦妆凫雁泛温泉。

帝女衔石，海中遗魄为精卫；

蜀王叫月，枝上游魂化杜鹃。

经典译文

　　中和外相对，后和先相对。树下和花前相对。玉质的门柱和华美的屋子相对，重叠的山峰和平坦的土地相对。孙子的计策，祖逖的鞭子。丰盛的酒席和华美的筵席相对。解除了酒醉才知道茶的功效，消除了愁闷才了解酒的作用。凿开结冰的水池，将丝绸剪成的菱角和荷花放入其中做装饰；把锦缎制成野鸭和大雁的形状，让它们在温泉中漂浮。炎帝的女儿在东海中不幸淹死，魂魄化成了精卫鸟，用嘴衔着石块要把海填平；蜀王杜宇的游魂化成了杜鹃鸟，它在树枝上对着月亮鸣叫。

故事链接

精卫填海

　　相传，北方有一座山，名叫发鸠山，山上生长着茂密的柘树。发鸠山上，有一种飞禽，形状、大小和乌鸦很像，长着花脑袋、白嘴巴和红足爪。

　　这小鸟本是炎帝的女儿，名叫女娃。一天，活泼的女娃到东海游玩，却不小心跌落到海中，没能生还。女娃很不甘心，化作小鸟日夜盘旋，因为思念父亲，炎帝狩猎时，它便时常跟随左右，边飞边发出"精卫！精卫"的悲鸣。炎帝发现后，拉开弓打算射，随从赶紧说："这是陛下您的女儿化成的小鸟！"炎帝一听，心中悲痛，许久后才说："就把'精卫'赐给小鸟做它的名字吧。"并作歌道："精卫鸟一叫啊，天地都为之动容！山中林木苍翠啊，人化作鱼虫！心爱的女儿不能说话啊，我至为悲痛！大海为什么不能填平呢，它的波涛澎湃汹涌！希望我族的子民啊，永远以广袤的陆地为荣！"

　　精卫听到"大海为什么不能填平呢"这句词，便下决心要填平淹死自己的大海，于是每天衔来西山的草木石头扔进东海，希望有一天能把它填平，就再也不会有人被淹死了。

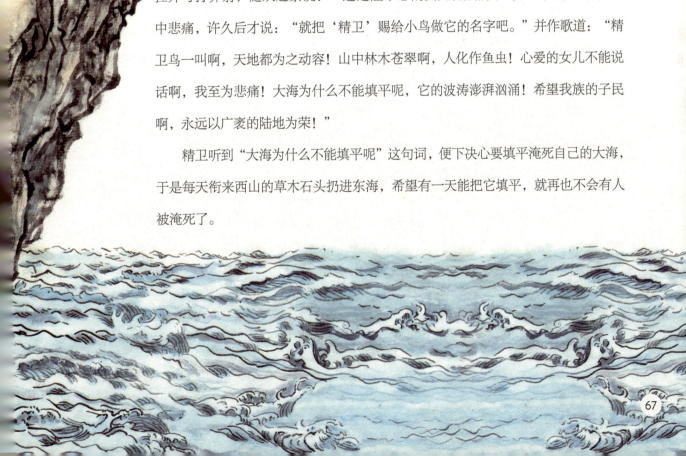

二萧

音韵常识 宋朝末年平水人刘渊，根据唐代诗歌用韵情况，将常用韵字根据声调划分，每个部分称为一个韵部，比如《笠翁对韵》中的"一东""三江"，刘渊据此所作书籍名《平水韵》。

原文诵读

qín duì guǎn　　fǔ duì piáo
琴对管，釜对瓢。

shuǐ guài duì huā yāo
水怪对花妖。

qiū shēng duì chūn sè　　bái jiān duì hóng xiāo
秋声对春色，白缣对红绡。

chén wǔ dài　　shì sān cháo
臣五代，事三朝。

dǒu bǐng duì gōng yāo
斗柄对弓腰。

zuì kè gē jīn lǚ　　jiā rén pǐn yù xiāo
醉客歌金缕，佳人品玉箫。

fēng dìng luò huā xián bù sǎo　　shuāng yú cán yè shī nán shāo
风定落花闲不扫，霜余残叶湿难烧。

qiān zǎi xīng zhōu　　shàng fù yì gān tóu wèi shuǐ
千载兴周，尚父一竿投渭水；

bǎi nián bà yuè　　qián wáng wàn nǔ shè jiāng cháo
百年霸越，钱王万弩射江潮。

　　弦乐器和管乐器相对，锅和水瓢相对。水中的怪物对应花里的妖精。秋天大自然的声响和春天斑斓的色彩相对，白色的细绢和红绸子相对。冯道曾在五个朝代做官，沈约也曾侍奉三个朝代。北斗七星的柄和像弓一样弯着的腰相对。喝醉的客人唱着《金缕曲》，美丽的女子吹奏着玉箫。风停了，落花满地，虽然有闲暇却不去打扫；被霜打过的余留的树叶潮湿难烧。姜子牙在渭水投下鱼竿钓鱼，奠定了周代的兴旺；钱镠让部下用万弩射退了钱塘江的潮水，吴越国称霸越地接近百年。

金缕：曲调名。

兴：让……兴旺。

尚父：姜子牙被周武王尊为"尚父"。

渭水：黄河最大支流，在陕西中部。

霸：霸据，称霸。

钱王：指吴越王钱镠，唐末任镇海节度使，后据有两浙十三州，建立了吴越国。

弩：一种有机械装置的弓，射程较远。

róng duì cuì　　xī duì zhāo　　lù dì duì yún xiāo
荣对悴，夕对朝。露地对云霄。

shāng yí duì zhōu dǐng　　yīn huò duì yú sháo
商彝对周鼎，殷濩对虞韶。

fán sù kǒu　　xiǎo mán yāo　　liù zhào duì sān miáo
樊素口，小蛮腰。六诏对三苗。

cháo tiān chē yì yì　　chū sài mǎ xiāo xiāo
朝天车奕奕，出塞马萧萧。

gōng zǐ yōu lán chóng fàn gě
公子幽兰重泛舸，

wáng sūn fāng cǎo zhèng lián biāo
王孙芳草正联镳。

pān yuè gāo huái　　céng xiàng qiū tiān yín xī shuài
潘岳高怀，曾向秋天吟蟋蟀；

wáng wéi qīng xìng　　cháng yú xuě yè huà bā jiāo
王维清兴，尝于雪夜画芭蕉。

经典译文

　　植物茂盛和枯萎相对，傍晚和早晨相对。用露天的地面对云霄高空。商朝的彝器和周代的鼎相对，殷商时期的《濩》曲和虞舜时期的《韶》乐相对。樊素的小嘴，小蛮的细腰。唐时乌蛮六部对应尧舜时南方少数民族。朝见天子的车队连绵不绝，出关前往边塞的马发出萧萧的嘶鸣声。公子多次乘坐大船出游就为了要去那长着幽幽兰花的地方，王孙贵族正骑马并进在繁茂的草地上。潘安志向高远，曾经在秋天吟诵有关蟋蟀的诗歌；王维兴致清雅，曾在下雪的夜里描画芭蕉。

姜太公钓鱼，愿者上钩

商纣王在位时期，有个人名叫姜尚，字子牙。他学富五车，深谋远虑，精通兵法，胸怀壮志。他曾经去殷商都城朝歌求官，但没能成功。听说西伯侯姬昌仁义道德、广招贤士，便千里迢迢来到西岐，准备追随西伯侯。当时姜子牙已经七十多岁了，来到西岐后，他却不急着毛遂自荐，而是每天拿着钓竿，坐在渭水边垂钓。

但是他垂钓的方法很有趣：鱼竿短，线却放得很长，鱼钩是直的，甚至不在上面放鱼饵，而且不把钓竿垂到水里，反而离水面三尺高。一个叫武吉的樵夫看到了，嘲笑他说："像你这么钓鱼，别说三年，就是一百年，也钓不上一条鱼来。"

姜子牙回他道："曲中求鱼不是大丈夫所为，我宁愿在直中取，也不愿向曲中求。我这直直的鱼钩本就不为钓鱼，我钓的是贤明的王侯。"

后来，周文王姬昌得知姜子牙的才干，食斋三天，沐浴整衣，亲自带着聘礼前去聘请，拜其为丞相。而姜子牙也竭尽全力辅佐姬昌之子姬发灭商建周，后被分封到了齐国。

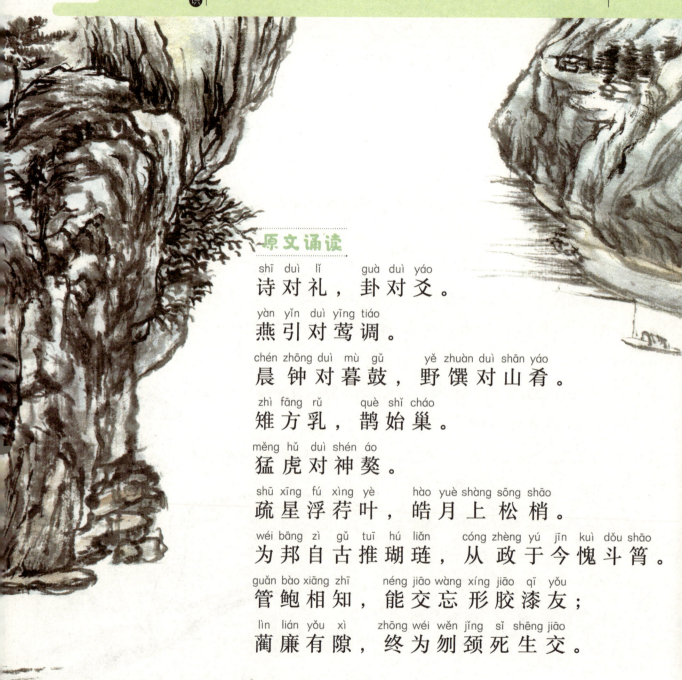

音韵常识 现在广为流传的《平水韵》是与清代康熙年间的另一本韵书《佩文韵府》合并的结果。

原文诵读

shī duì lǐ guà duì yáo
诗对礼，卦对爻。

yàn yǐn duì yīng tiáo
燕引对莺调。

chén zhōng duì mù gǔ yě zhuàn duì shān yáo
晨钟对暮鼓，野馔对山肴。

zhì fāng rǔ què shǐ cháo
雉方乳，鹊始巢。

měng hǔ duì shén áo
猛虎对神獒。

shū xīng fú xìng yè hào yuè shàng sōng shāo
疏星浮荇叶，皓月上松梢。

wéi bāng zì gǔ tuī hú liǎn cóng zhèng yú jīn kuì dǒu shāo
为邦自古推瑚琏，从政于今愧斗筲。

guǎn bào xiāng zhī néng jiāo wàng xíng jiāo qī yǒu
管鲍相知，能交忘形胶漆友；

lìn lián yǒu xì zhōng wéi wěn jǐng sǐ shēng jiāo
蔺廉有隙，终为刎颈死生交。

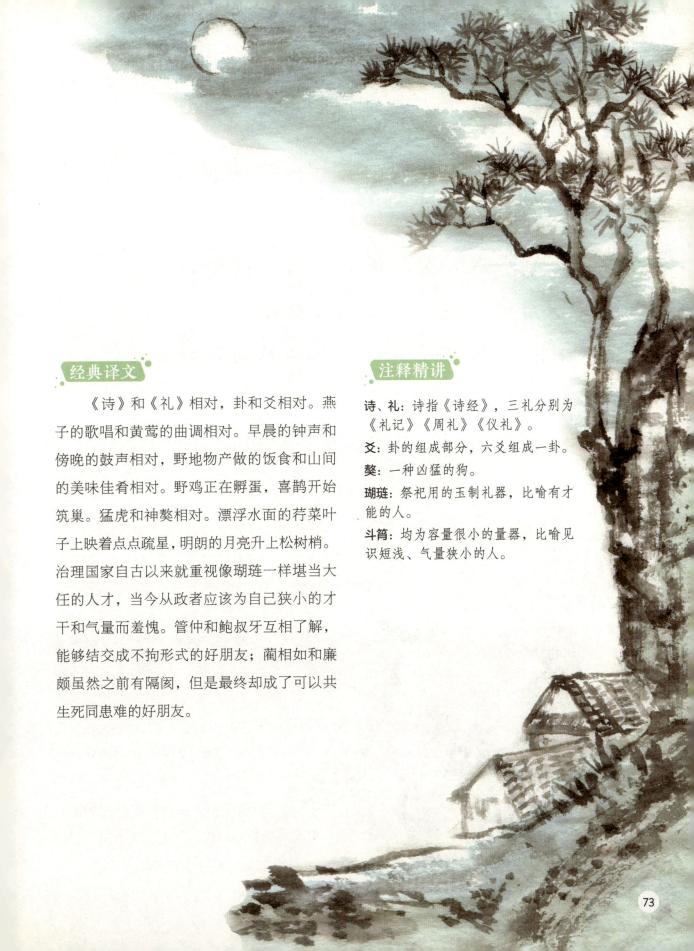

经典译文

　　《诗》和《礼》相对，卦和爻相对。燕子的歌唱和黄莺的曲调相对。早晨的钟声和傍晚的鼓声相对，野地物产做的饭食和山间的美味佳肴相对。野鸡正在孵蛋，喜鹊开始筑巢。猛虎和神獒相对。漂浮水面的荇菜叶子上映着点点疏星，明朗的月亮升上松树梢。治理国家自古以来就重视像瑚琏一样堪当大任的人才，当今从政者应该为自己狭小的才干和气量而羞愧。管仲和鲍叔牙互相了解，能够结交成不拘形式的好朋友；蔺相如和廉颇虽然之前有隔阂，但是最终却成了可以共生死同患难的好朋友。

注释精讲

诗、礼：诗指《诗经》，三礼分别为《礼记》《周礼》《仪礼》。

爻：卦的组成部分，六爻组成一卦。

獒：一种凶猛的狗。

瑚琏：祭祀用的玉制礼器，比喻有才能的人。

斗筲：均为容量很小的量器，比喻见识短浅、气量狭小的人。

gē duì wǔ　xiào duì cháo　ěr yǔ duì shén jiāo
歌对舞，笑对嘲。耳语对神交。

yān niǎo duì hài shǐ　tǎ suǐ duì luán jiāo
焉鸟对亥豕，獭髓对鸾胶。

yí jiǔ jìng　mò qīng pāo　yí qì duì tóng bāo
宜久敬，莫轻抛。一气对同胞。

jì zūn gān bù bèi　zhāng lù niàn tí páo
祭遵甘布被，张禄念绨袍。

huā jìng fēng lái féng kè fǎng　chái fēi yuè dào yǒu sēng qiāo
花径风来逢客访，柴扉月到有僧敲。

yè yǔ yuán zhōng　yì kē bù diāo wáng zǐ nài
夜雨园中，一颗不凋王子奈；

qiū fēng jiāng shàng　sān chóng céng juǎn dù gōng máo
秋风江上，三重曾卷杜公茅。

経典译文

歌曲和舞蹈相对，讥笑和嘲讽相对。靠近耳边说话和精神交往相对。焉鸟（繁体字作"鳥"）两字相近对应亥豕两字相近，水獭的骨髓和鸾嘴制成的胶相对。应当长久敬重，不要轻易抛弃。血缘亲属对应亲兄弟。祭遵为官清廉，甘愿盖布被子；张禄顾念别人赠送一件绨袍的情谊。清风吹拂鲜花盛开的小路，正逢客人来访；月光照到柴门之上，正有僧人敲门。夜雨下的园子里，王祥抱着奈树哭泣，奈果一颗也没掉落；江上刮起秋风，曾经卷走了杜甫房顶上盖着的三层茅草。

推敲

　　唐代贾岛是苦吟派诗人的代表。所谓苦吟，就是在写诗的过程中斟酌字句，认真考量每个字、每句诗，其中最著名的就是"推敲"的故事。

　　有一次，贾岛骑着一头跛腿的驴去拜访朋友李凝，在驴上作了一首诗，其中有两句："鸟宿池边树，僧推月下门。"他一边骑着驴一边反复吟诵，念着念着，又想把"推"字改成"敲"，拿不定主意，一会儿做"敲"的动作，一会儿又做"推"的动作。路上的行人看到他骑在驴上，伸着两条手臂比画，都忍不住笑了起来，但贾岛却浑然不觉。

　　他思索得太过投入，直到骑着的跛驴撞上了当时在长安任职的韩愈，他才回过了神。韩愈听贾岛说了冲撞自己的缘由后，对他说："还是'敲'字好一些，夜深人静，拜访友人还敲门，一是表明礼貌，二来又多了几分声响，读起来也更响亮。"就这样，贾岛不仅和韩愈成了朋友，更写出了一联千古名句。

《平水韵》共收106个韵部,上平声、下平声各15部;上声29部,如一董、二肿、三蒋等;去声30部,如一送、二宋、三绛等;入声17部,如一屋、二沃、三觉等。

原文诵读

méi duì xìng   lǐ duì táo
梅对杏,李对桃。

yù pǔ duì jīng máo
棫朴对旌旄。

jiǔ xiān duì shī shǐ   dé zé duì ēn gāo
酒仙对诗史,德泽对恩膏。

xuán yí tà   mèng sān dāo
悬一榻,梦三刀。

zhuō yì duì xián láo
拙逸对贤劳。

yù táng huā zhú rào   jīn diàn yuè lún gāo
玉堂花烛绕,金殿月轮高。

gū shān kàn hè pán yún xià   shǔ dào wén yuán xiàng yuè háo
孤山看鹤盘云下,蜀道闻猿向月号。

wàn shì cóng rén   yǒu huā yǒu jiǔ yīng zì lè
万事从人,有花有酒应自乐;

bǎi nián jiē kè   yì qiū yí hè jìn wú háo
百年皆客,一丘一壑尽吾豪。

经典译文

　　梅子和杏相对，李子和桃相对。椴朴和旌旄相对。李白"酒仙"的称号对应杜甫的诗，德泽和恩膏相对。悬挂一张床榻，梦见三把刀。拙笨的人闲逸，贤能的人操劳。豪华的住宅里花烛环绕，辉煌的殿堂上明月高高升起。孤山上，看鹤从云端盘旋而下；进入蜀地的道路上，猿猴对月号叫。万事万物都跟随人的意愿，有鲜花有美酒就应该自得其乐；百年人世好比过客，每处山丘每处沟壑都要尽兴赏游。

注释精讲

椴朴：分别指白樱、枹木，都是佳木，合称比喻贤才。

77

tái duì shěng   shǔ duì cáo
台对省，署对曹。

fēn mèi duì tóng páo
分袂对同袍。

míng qín duì jī jiàn   fǎn zhé duì huí cáo
鸣琴对击剑，返辙对回艚。

liáng jiè zhù   cāo zhuō dāo
良借箸，操捉刀。

xiāng míng duì chún láo
香茗对醇醪。

dī quán guī hǎi dà   kuì tǔ jī shān gāo
滴泉归海大，篑土积山高。

shí shì kè lái jiān què shé   huà táng bīn zhì yǐn yáng gāo
石室客来煎雀舌，画堂宾至饮羊羔。

bèi zhé jiǎ shēng   xiāng shuǐ qī liáng yín fú niǎo
被谪贾生，湘水凄凉吟鹏鸟；

zāo chán qū zǐ   jiāng tán qiáo cuì zhù lí sāo
遭谗屈子，江潭憔悴著离骚。

78

经典译文

　　台和省相对，署和曹相对。分开衣袖和穿同一件袍子相对。弹琴和击剑相对，车返回对应漕运船舶返回。张良借助筷子帮刘邦分析天下形势，曹操拿着刀假扮侍卫。香气诱人的茶和味道醇厚的酒相对。点滴泉水汇成大海，一筐筐土堆积成高山。在简陋的石室中煮好雀舌茶待客，在华丽的有装饰的厅堂中请客喝羊羔酒。东汉的贾谊被贬，在湘江边凄凉地吟诵着自己创作的《鵩鸟赋》；战国时屈原受到谗害，面色憔悴，在江边创作了著名的《离骚》。

注释精讲

台、省、署、曹：均为古代官署名。

分袂：指离别。袂，衣袖。

同袍：比喻关系亲密。

辙：车轮痕印。

篑：盛土用的竹筐。

谗：谗害，说坏话陷害。

原文诵读

cí duì shàn　　nüè duì kē
慈对善，虐对苛。

piāo miǎo duì　pó suō
缥缈对婆娑。

cháng yáng duì xì liǔ　　nèn ruǐ duì hán shā
长杨对细柳，嫩蕊对寒莎。

zhuī fēng mǎ　　wǎn rì gē
追风马，挽日戈。

yù yè duì jīn bō
玉液对金波。

zǐ zhào xián dān fèng　　huáng tíng huàn bái é
紫诏衔丹凤，黄庭换白鹅。

huà gé jiāng chéng méi zuò diào　　lán zhōu yě dù zhú wéi gē
画阁江城梅作调，兰舟野渡竹为歌。

mén wài xuě fēi　　cuò rèn kōng zhōng piāo liǔ xù
门外雪飞，错认空中飘柳絮；

yán biān pù xiǎng　　wù yí tiān bàn luò yín hé
岩边瀑响，误疑天半落银河。

慈爱和善良相对，凶残和严苛相对。隐隐约约和摇曳多姿相对。高高的杨树和细细的柳枝相对，柔嫩的花蕊和性质寒凉的莎草相对。周穆王追风的名马，鲁阳公能将太阳驻留空中的戈。玉液和金波相对。使者送来了皇帝的诏书，王羲之抄写《黄庭经》换取白鹅。江边城市中有彩绘装饰的楼阁里正演奏着《梅花落》，野外渡口的小船上有人唱着《竹枝词》。门外大雪纷飞，错认为是空中飘飞的柳絮；岩石旁瀑布巨响，误以为是银河从半空中落了下来。

玉液、金波：均指美酒。

丹凤：此处指下达诏书的使者。

兰舟：小船的美称。

飘柳絮：指晋代谢道韫用"柳絮因风起"比喻下雪的情景。

落银河：指唐代诗人李白用"疑是银河落九天"描写庐山瀑布。

sōng duì zhú　　xìng duì hé
松对竹，荇对荷。

bì lì duì téng luó
薜荔对藤萝。

tī yún duì bù yuè　　qiáo chàng duì yú gē
梯云对步月，樵唱对渔歌。

shēng dǐng zhì　　tīng jīng é
升鼎雉，听经鹅。

běi hǎi duì dōng pō
北海对东坡。

wú láng āi fèi zhái　　shào zǐ lè xíng wō
吴郎哀废宅，邵子乐行窝。

lí shuǐ liáng jīn jiē dài yě　　kūn shān měi yù zǒng xū mó
丽水良金皆待冶，昆山美玉总须磨。

yǔ guò huáng zhōu　　liú lí sè càn huá qīng wǎ
雨过皇州，琉璃色灿华清瓦；

fēng lái dì yuàn　　hé jì xiāng piāo tài yè bō
风来帝苑，荷芰香飘太液波。

经典译文

　　松树对应竹子，荇菜对应荷花。薜荔和藤萝相对。用梯子登上云端和在月下行走相对，樵夫唱的歌和渔夫唱的歌相对。飞到鼎上的野鸡，能听懂佛经的鹅。孔北海和苏东坡相对。吴融为废弃的宅子哀伤，邵雍喜欢自己的安乐窝。丽水中优质的金沙都等待冶炼，昆仑山的美玉必须经过打磨。京城刚刚下过一场雨，华清宫上的琉璃瓦色彩灿烂耀眼；风吹过皇帝的花园，太液池中荷花、菱花的香味四处飘散。

黄庭换鹅

晋代著名书法家王羲之对鹅的喜爱人尽皆知，甚至流传下来不少美谈，在《晋书·王羲之传》中便有这样的记载：

在会稽，有一位孤寡的老太太养了一只鹅，叫声很好听，王羲之想买却没能买到，于是就和亲友一起去看。老太太听说大书法家王羲之要来自己家做客，就把鹅给烹煮了，想要好好招待他。王羲之为此难过了整整一天。

当时山阴住着一位道士，这位道士也养了一群鹅，王羲之见后非常喜欢，多次恳求这位道士把鹅卖给他。道士却说："不用买，你帮我抄一遍《黄庭经》吧，我将这群鹅作为回礼送给你如何？"王羲之欣然应允，为道士抄写了一遍《黄庭经》，然后把鹅装进笼子里，满足地回家去了。也因为这个典故，《黄庭经》又被后人称为《换鹅帖》。

原文诵读

qīng duì zhuó　　měi duì jiā
清对浊，美对嘉。

bǐ lìn duì jīn kuā
鄙吝对矜夸。

huā xū duì liǔ yǎn　　wū jiǎo duì yán yá
花须对柳眼，屋角对檐牙。

zhì hé zhái　　bó wàng chá
志和宅，博望槎。

qiū shí duì chūn huá
秋实对春华。

qián lú pēng bái xuě　　kūn dǐng liàn dān shā
乾炉烹白雪，坤鼎炼丹砂。

shēn xiāo wàng lěng shā chǎng yuè　　biān sài tīng cán yě shù jiā
深宵望冷沙场月，边塞听残野戍笳。

mǎn yuàn sōng fēng　　zhōng shēng yǐn yǐn wéi sēng shè
满院松风，钟声隐隐为僧舍；

bàn chuāng huā yuè　　xī yǐng yī yī shì dào jiā
半窗花月，锡影依依是道家。

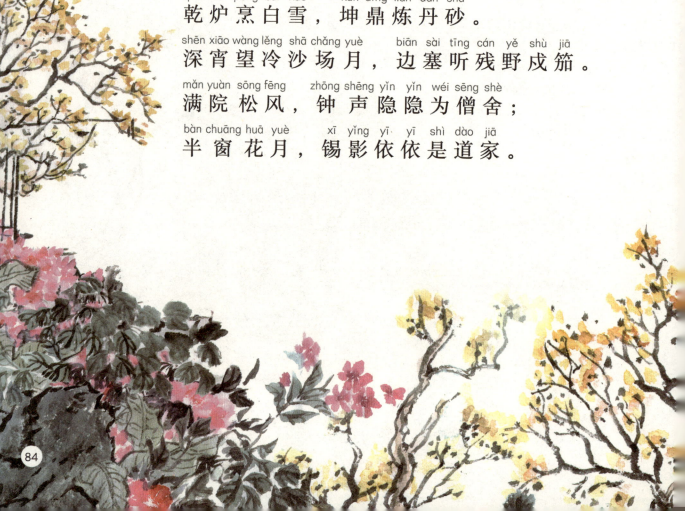

清澈和浑浊相对，美和嘉相对。吝啬小气和骄傲自夸相对。花蕊对应柳叶，屋角和檐际翘出如牙的部分相对。张志和居住的房子，博望侯张骞乘坐的木筏。秋天的果实和春天的花相对。阳性的丹炉里炼制着如白雪的粉霜，阴性的丹鼎中炼制着丹砂。深夜时分望着沙场上清冷的月亮，边塞上听着野外驻军的军营里传来的胡笳声。满院都是松林的风，钟声隐约可闻的地方，是僧人的住所；半窗的花和月光，锡杖隐隐约约，这里是道士的住处。

léi duì diàn　　wù duì xiá
雷对电，雾对霞。

yǐ zhèn duì fēng yá
蚁阵对蜂衙。

jì méi duì huái jú　　niàng jiǔ duì pēng chá
寄梅对怀橘，酿酒对烹茶。

yí nán cǎo　　yì mǔ huā
宜男草，益母花。

yáng liǔ duì jiān jiā
杨柳对蒹葭。

bān jī cí dì niǎn　　cài yǎn qì hú jiā
班姬辞帝辇，蔡琰泣胡笳。

wǔ xiè gē lóu qiān wàn chǐ　　zhú lí máo shè liǎng sān jiā
舞榭歌楼千万尺，竹篱茅舍两三家。

shān zhěn bàn chuáng　　yuè míng shí mèng fēi sài wài
珊枕半床，月明时梦飞塞外；

yín zhēng yí zòu　　huā luò chù rén zài tiān yá
银筝一奏，花落处人在天涯。

打雷和闪电相对，雾和云霞相对。蚂蚁的阵仗和蜜蜂的房子相对。寄送梅花和怀揣橘子相对，酿酒和煮茶相对。宜男草，益母草的花。杨柳和芦苇相对。西汉班婕妤推辞不乘坐皇帝的车子，东汉蔡文姬哭泣着创作了《胡笳十八拍》。舞榭歌台高达千万尺，三两家竹篱笆茅草房的住户。睡着珊瑚枕，月光明朗时分，梦境中飞到了边塞以外；弹奏一曲银筝，花落之处游子漂泊在天涯。

注释精讲

怀橘： 陆绩六岁时拜见袁术，从怀中掉出三个橘子，是想要拿给母亲吃。

宜男草： 萱草，古人认为孕妇佩之可生男。

七阳

音韵常识　每个韵部提出一个字做韵目，也就是这个韵部的代表字。比如"一东"韵部中的"东"，便是这个韵部中的韵目；而"一"是指东韵在平水韵中的顺序。

原文诵读

hóng duì bái　　lù duì huáng　zhòu yǒng duì gēng cháng
红 对 白 ， 绿 对 黄 。 昼 永 对 更 长 。

lóng fēi duì fèng wǔ　　jǐn lǎn duì yá qiáng
龙 飞 对 凤 舞 ， 锦 缆 对 牙 樯 。

yún biàn shǐ　　xuě yī niáng　　gù guó duì tā xiāng
云 弁 使 ， 雪 衣 娘 。 故 国 对 他 乡 。

xióng wén néng xǐ è　　yàn qǔ wèi qiú huáng
雄 文 能 徙 鳄 ， 艳 曲 为 求 凰 。

jiǔ rì gāo fēng jīng luò mào　　mù chūn qū shuǐ xǐ liú shāng
九 日 高 峰 惊 落 帽 ， 暮 春 曲 水 喜 流 觞 。

sēng zhàn míng shān　　yún rào mào lín cáng gǔ diàn
僧 占 名 山 ， 云 绕 茂 林 藏 古 殿 ；

kè qī shèng dì　　fēng piāo luò yè xiǎng kōng láng
客 栖 胜 地 ， 风 飘 落 叶 响 空 廊 。

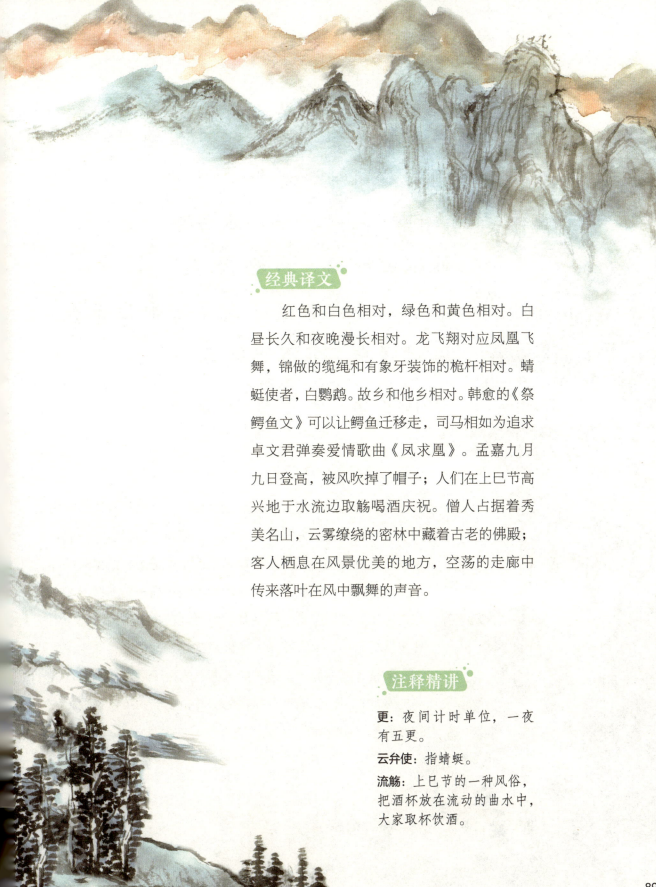

红色和白色相对，绿色和黄色相对。白昼长久和夜晚漫长相对。龙飞翔对应凤凰飞舞，锦做的缆绳和有象牙装饰的桅杆相对。蜻蜓使者，白鹦鹉。故乡和他乡相对。韩愈的《祭鳄鱼文》可以让鳄鱼迁移走，司马相如为追求卓文君弹奏爱情歌曲《凤求凰》。孟嘉九月九日登高，被风吹掉了帽子；人们在上巳节高兴地于水流边取觞喝酒庆祝。僧人占据着秀美名山，云雾缭绕的密林中藏着古老的佛殿；客人栖息在风景优美的地方，空荡的走廊中传来落叶在风中飘舞的声音。

更：夜间计时单位，一夜有五更。

云弁使：指蜻蜓。

流觞：上巳节的一种风俗，把酒杯放在流动的曲水中，大家取杯饮酒。

shuāi duì zhuàng　　ruò duì qiáng　　yàn shì duì xīn zhuāng
衰对壮，弱对强。艳饰对新妆。

yù lóng duì sī mǎ　　pò zhú duì chuān yáng
御龙对司马，破竹对穿杨。

dú bān mǎ　　shí qiú yáng　　shuǐ sè duì shān guāng
读班马，识求羊。水色对山光。

xiān qí cáng lǜ jú　　kè zhěn mèng huáng liáng
仙棋藏绿橘，客枕梦黄粱。

chí cǎo rù shī yīn yǒu mèng　　hǎi táng dài hèn wèi wú xiāng
池草入诗因有梦，海棠带恨为无香。

fēng qǐ huà táng　　lián bó yǐng fān qīng xìng zhǎo
风起画堂，帘箔影翻青荇沼；

yuè xié jīn jǐng　　lù lú shēng dù bì tóng qiáng
月斜金井，辘轳声度碧桐墙。

经典译文

　　衰弱和强壮相对，柔弱和刚强相对。艳丽的装饰和新描的妆容相对。驾驭龙和管理马相对，劈开竹子和射穿杨树叶相对。读班固的《汉书》和司马迁的《史记》，认识求仲和羊仲。水的景色对应山的风光。仙人藏在橘子里下棋，客人在店主蒸黍糕时枕着枕头做梦。谢灵运在梦中得到"池塘生春草"的诗句，海棠花令人感到遗憾的地方是没有香味。风吹入装饰华丽的厅堂，透过随风翻卷的帘子可以看见长有荇菜的水池；月亮斜照围有雕栏的水井，辘轳的声音穿过了一片绿色的梧桐树林。

黄粱一梦

　　唐朝时，有位叫吕翁的道士，习得了神仙之术。一次，他途经邯郸，在旅舍投宿时，遇到一位叫卢生的书生。两人交谈间，卢生感叹道："堂堂男儿，本该建功立业，在朝廷上非将即相，家底殷实，光耀门楣。我曾经熟谙六艺，认为高官厚禄唾手可得，可如今仍旧这般穷酸。"说着，眼看就要睡着。这时，店主正在用黍蒸糕。吕翁见状，掏出一个青瓷枕，让卢生枕着睡觉。

　　不料，那瓷枕两端的孔中突然发出明亮的光，卢生跟着那亮光，竟然回到了家乡。回乡后，他娶了最美丽的崔氏女子为妻。第二年科举高中，进朝为官，此后更是平步青云，逐步迁升，却遭到宰相妒忌陷害，被贬远地。后来又几经起落，官拜宰相，五个儿子也都非常有出息。最后，卢生所有的愿望都实现了，却不敌年老，患上重疾，请求辞官而不能如愿，不治而亡。

　　卢生伸了个懒腰，清醒过来，发现自己还在旅舍中，吕翁坐在自己身边，而旅店主人的黄糕还没有蒸熟。卢生着急起来："这一切难道只是个梦？"吕翁答他："人生浮华只如梦一场啊！"卢生明白了吕翁其实是在告诫自己不必执着于虚无的欲念，深感受教，拜谢离去。

八庚

音韵常识 同一韵部内的字的特点是韵母相同，但是是指唐宋时期的读音相同。如"风"虽属"一东"韵部，但韵母却是"eng"，和"一东"韵目的韵母"ong"不同，这说明"风"在古音中，韵母其实为"ong"。

原文诵读

xíng duì mào   sè duì shēng
形对貌，色对声。

xià yì duì zhōu jīng
夏邑对周京。

jiāng yún duì wèi shù   yù qìng duì yín zhēng
江云对渭树，玉磬对银筝。

rén lǎo lǎo   wǒ qīng qīng
人老老，我卿卿。

xiǎo yàn duì chūn yīng
晓燕对春莺。

xuán shuāng chōng yù chǔ   bái lù zhù jīn jīng
玄霜春玉杵，白露贮金茎。

gǔ kè jūn shān qiū nòng dí   xiān rén gōu lǐng yè chuī shēng
贾客君山秋弄笛，仙人缑岭夜吹笙。

dì yè dú xīng   jìn dào hàn gāo néng yòng jiàng
帝业独兴，尽道汉高能用将；

fù shū kōng dú   shuí yán zhào kuò shàn zhī bīng
父书空读，谁言赵括善知兵。

形态和样貌相对，色彩和声音相对。夏朝的城市和周代的首都相对。江浙一带的云对应渭北的树，玉质的磬和有银饰的古筝相对。尊敬别人的老人和妻子。早晨的燕子对应春天的黄莺。仙药用玉杵来捣，用金茎撑着白露盘来贮存甘露。商人在秋天的君山上吹奏笛子，夜晚仙人在缑氏山吹笙。都说唯独西汉王朝的霸业最是兴盛，是汉高祖善于用将的结果；只知道空读父亲赵奢的兵书，是谁说赵括善于用兵？

夏邑：夏朝的城市。

周京：周朝的京城。

人老老：人们尊敬老人。

我卿卿：即卿卿我我，男女之间很亲密。

玄霜：神话中的仙药。

舂：用杵在石臼中给谷物等物去壳或捣碎称为舂。

白露：秋天的露水。

金茎：用来支撑承露盘的铜柱。

贾客：商人。

君山：山名，在洞庭湖中。

缑岭：指缑氏山，在今天的河南偃师。

笙：管乐器。

父：此处指赵奢，战国时期赵国人。

赵括：赵奢的儿子，只知道纸上谈兵。

昏对旦，晦对明。久雨对新晴。

蓼湾对花港，竹友对梅兄。

黄石叟，丹丘生。犬吠对鸡鸣。

暮山云外断，新水月中平。

半榻清风宜午梦，一犁好雨趁春耕。

王旦登庸，误我十年迟作相；

刘蕡不第，愧他多士早成名。

94

黄昏和早晨相对，晦暗和明亮相对。长时间下雨和刚刚放晴相对。长满蓼的水湾和开满花的河港相对，以竹为友对应将梅花当作兄长。隐士黄石公，仙人丹丘生。狗叫对应鸡鸣。傍晚时候，远山被云霞遮断；新汲的水中，月的倒影在慢慢平静。清风半床，适宜午睡；趁春耕正忙，及时落下一阵好雨。王旦被朝廷录用，王钦若称因此将他做宰相的时间推迟了十年；直言宦官之乱的刘蕡没能考中，让那些早早考上的人感到羞愧。

黄石叟：黄石公，秦时隐士，相传曾传兵法与张良。

丹丘生：仙人。

犁：耕田破土的工具。

王旦：宋代人，曾任工部尚书、同中书门下平章事。

从古到今，一些字的韵母已经发生了变化。按照现代汉语来看，一个韵部内可能会有两种或几种韵母不同的字，而韵母相同的字也可能分布在不同的韵部中，这是汉字读音演变的结果。

原文诵读

gēng duì jiǎ　　sì duì dīng
庚 对 甲，巳 对 丁。

wèi què duì tóng tíng
魏 阙 对 彤 庭。

méi qī duì hè zǐ　　zhū bó duì yín píng
梅 妻 对 鹤 子，珠 箔 对 银 屏。

yuān yù zhǎo　　lù fēi tīng
鸳 浴 沼，鹭 飞 汀。

hóng yàn duì jí líng
鸿 雁 对 鹡 鸰。

rén jiān shòu zhě xiàng　　tiān shàng lǎo rén xīng
人 间 寿 者 相，天 上 老 人 星。

bā yuè hǎo xiū pān guì fǔ　　sān chūn xū jì hù huā líng
八 月 好 修 攀 桂 斧，三 春 须 系 护 花 铃。

jiāng gé píng lín　　yì shuǐ jìng lián tiān jì bì
江 阁 凭 临，一 水 净 连 天 际 碧；

shí lán xián yǐ　　qún shān xiù xiàng yǔ yú qīng
石 栏 闲 倚，群 山 秀 向 雨 余 青。

　　庚和甲相对，巳和丁相对。高大的城阙和帝王宫殿相对。以梅作妻对应以鹤为子，串珠的帘子和银饰的屏风相对。鸳鸯在水沼中沐浴，白鹭飞上水边的平地。鸿雁和鹈鸪相对。人间昭示长寿的相貌，天上象征长寿的星星。八月科举，要好好磨砺攀折桂枝的斧头，春天要及时给花朵系上驱鸟的铃铛。在江边的楼阁上远望，只见一条纯净的水流远远流去，水天交接处呈现出青绿的颜色；悠闲自在地倚着石头雕成的栏杆，发现秀丽的群山在雨后更加苍翠。

注释精讲

庚、甲、巳、丁： 均为天干地支的排序。

鹈鸪： 鸟名，生活在水边。

攀桂： 科举高中称攀桂。

三春： 春天。春季三个月。

97

原文诵读

wēi duì luàn tài duì níng nà bì duì qū tíng
危对乱，泰对宁。纳陛对趋庭。

jīn pán duì yù zhù fàn gěng duì fú píng
金盘对玉箸，泛梗对浮萍。

qún yù pǔ zhòng fāng tíng jiù diǎn duì xīn xíng
群玉圃，众芳亭。旧典对新型。

qí niú xián dú shǐ mù shǐ zì héng jīng
骑牛闲读史，牧豕自横经。

qiū shǒu tián zhōng hé yǐng zhòng chūn yú yuán nèi cài huā xīn
秋首田中禾颖重，春余园内菜花馨。

lǚ cì qī liáng sài yuè jiāng fēng jiē cǎn dàn
旅次凄凉，塞月江风皆惨淡；

yán qián huān xiào yān gē zhào wǔ dú pīng tíng
筵前欢笑，燕歌赵舞独娉婷。

98

危险和慌乱相对，平安和安宁相对。登上台阶和快步走过庭院相对。金质的盘子和玉质的筷子相对，漂浮着的树枝对应水中浮萍。瓜果成熟的园子，百花盛开的亭子。旧时的典章和新创的制度相对。李密用骑牛的闲暇读史书，公孙弘放猪的时候还在读经书。初秋田野里谷物成熟穗子饱满；晚春时节的园子里，菜花散发出芬芳的香味。旅社中凄清冷落，无论是边塞的风还是江边的月都让人感到惨淡；酒席前欢声笑语，还要属燕地的歌曲、赵地的舞蹈最为动人优美。

注释精讲

泰： 安定。

宁： 安宁。

纳陛： 指登上台阶。

趋庭： 指快步走过庭院。

箸： 筷子。

泛梗： 浮在水面上的树梗。

浮萍： 生长在水面的一种植物。

群玉圃： 众瓜果成熟的园地。

众芳亭： 百花盛开的亭子。

骑牛闲读史： 指隋代李密把《汉书》挂在牛角上一边骑一边读。

牧豕自横经： 指汉代的公孙弘一边放猪一边读经书。

秋首： 秋初。

禾颖： 带芒的谷穗。

馨： 指馨香。

旅次： 路途中停歇的地方。

筵： 酒席。

娉婷： 形容女子姿态优美。

原文诵读

píng duì liǎo　qiàn duì líng　　yàn yì duì yú zēng
萍对蓼，茜对菱。雁弋对鱼罾。

qí wán duì lǔ qǐ　　shǔ jǐn duì wú líng
齐纨对鲁绮，蜀锦对吴绫。

xīng jiàn mò　rì chū shēng　　jiǔ pìn duì sān zhēng
星渐没，日初升。九聘对三征。

xiāo hé céng zuò lì　　jiǎ dǎo xī wéi sēng
萧何曾作吏，贾岛昔为僧。

xián rén shì lǚ xún guī jǔ　　dà jiàng huī jīn jiào zhǔn shéng
贤人视履循规矩，大匠挥斤校准绳。

yě dù chūn fēng　　rén xǐ chéng cháo yí jiǔ fǎng
野渡春风，人喜乘潮移酒舫；

jiāng tiān mù yǔ　　kè chóu gé àn duì yú dēng
江天暮雨，客愁隔岸对渔灯。

经典译文

　　浮萍和红蓼相对，茜和菱相对。射雁的弋和捕鱼的网相对。齐地的纨对应鲁地的绮，蜀地的彩锦对应吴地的绫罗。星星逐渐隐没，太阳刚刚升起。多次聘请和多次征召相对。萧何曾经做过小官吏，贾岛曾经做过僧人。贤能的人一步一行都遵循着规矩，高超的匠人挥动斧头劈砍的木材犹如比照了准绳。村野渡口吹来春风，人们高兴地乘上随着潮水移动的酒舫；傍晚的江边下起了雨，客人忧愁地看着对岸的渔灯。

tán duì tǔ　　wèi duì chēng　　rǎn mǐn duì yán zēng
谈 对 吐 ， 谓 对 称 。 冉 闵 对 颜 曾 。

hóu yíng duì bó pǐ　　zǔ tì duì sūn dēng
侯 嬴 对 伯 嚭 ， 祖 逖 对 孙 登 。

pāo bái zhù　　yàn hóng líng　　shèng yǒu duì liáng péng
抛 白 纻 ， 宴 红 绫 。 胜 友 对 良 朋 。

zhēng míng rú zhú lù　　móu lì sì qū yíng
争 名 如 逐 鹿 ， 谋 利 似 趋 蝇 。

rén jié yí cán zhōu bù shì　　wáng líng mǔ shí hàn fāng xīng
仁 杰 姨 惭 周 不 仕 ， 王 陵 母 识 汉 方 兴 。

jù xiě qióng chóu　　huàn huā jì　　jì chuán gōng bù
句 写 穷 愁 ， 浣 花 寄 迹 传 工 部 ；

shī yín biàn luàn　　níng bì shāng xīn tàn yòu chéng
诗 吟 变 乱 ， 凝 碧 伤 心 叹 右 丞 。

　　言谈和谈吐相对，称谓和称呼相对。孔子弟子冉有、闵子骞和颜回、曾参相对。战国时魏国人侯嬴对应春秋时楚国人伯嚭，祖逖对应孙登。科举及第后抛去白衣，皇帝宴请新科进士吃红绫饼。优秀的友伴和美好的朋友相对。争夺名誉犹如打猎时追鹿，谋取利益好比趋附物品的苍蝇。狄仁杰的姨母为武则天的周朝而惭愧，不让他当官；王陵的母亲一开始就知道汉朝会兴盛起来。杜甫寄身浣花溪，诗句中写满穷困哀愁；王维伤心感叹创作《凝碧诗》，反映当时变乱时局。

‖ 故事链接

匠石运斤

　　庄子和惠施是很好的朋友，经常在一起论辩，谁也不服谁，却互相引为知音。惠施去世后，庄子仍旧时时想起自己的故友。

　　一次，庄子去给人送葬，路过惠施的墓地，便回头对跟随的人说："在楚国的国都郢城，有这么一个人，他在自己的鼻尖上涂上一点像苍蝇翅膀一样薄的石灰，然后让一个叫'石'的工匠用斧头削掉它。这位工匠挥起斧头，像一阵风一样有力而迅疾，放手砍去，石灰全都被砍掉了，但鼻子却一点没有受伤。而那个郢城人还能面不改色地站着。

　　宋元君听说了这件事，深以为奇，就召来这位姓石的工匠，对他说：'你试着砍一下我鼻子上的灰吧。'工匠却说：'我曾经的确能砍掉别人鼻子上的石灰，但能够让我砍的对象却早就去世了。'"

　　故事讲完之后，庄子说："自从惠施先生死去后，我就没有可以和自己谈论道理的人了。"

十一尤

音韵常识　对仗，是指两个语句中，字音的平仄、字词的意思都能对应。每年春节，我们家里贴的对联就是典型的对仗。如"春雨丝丝润万物，红梅点点绣千山"。

原文诵读

guān duì lǚ　　xì duì qiú　　yuàn xiǎo duì tíng yōu
冠对履，舄对裘。院小对庭幽。

miàn qiáng duì xī dì　　cuò zhì duì liáng chóu
面墙对膝地，错智对良筹。

gū zhàng sǒng　　dà jiāng liú　　fāng zé duì yuán qiū
孤嶂耸，大江流。芳泽对圆丘。

huā tán lái yuè chàng　　liǔ yǔ qǐ wú ōu
花潭来越唱，柳屿起吴讴。

yīng lǎn yàn máng sān yuè yǔ　　qióng cuī chán tuì yì tiān qiū
莺懒燕忙三月雨，蛩摧蝉退一天秋。

zhōng zǐ tīng qín　　huāng jìng rù lín shān jì jì
钟子听琴，荒径入林山寂寂；

zhé xiān zhuō yuè　　hóng tāo jiē àn shuǐ yōu yōu
谪仙捉月，洪涛接岸水悠悠。

经典译文

　　帽子和鞋相对，鞋和裘相对。小小的院子和幽静的庭院相对。面对墙壁和以膝跪地相对，晁错的智慧对应张良的计策。孤峰高耸，大江奔流。芳香的发油和圆形高坛相对。长满花的水池旁传来越地的曲调，种满柳树的小岛上响起了吴地民歌。三月雨天，黄莺闲怠燕子繁忙；蟋蟀急促鸣叫，蝉鸣消退，好像在一天之内就进入了秋天。钟子期听琴声，可以听出荒凉的小路通入树林、山中寂静无声的情景；李白酒醉后想要捉住江中的月影，只留下巨涛拍岸，江水悠悠。

注释精讲

裘：带有毛皮的衣服。

嶂：高耸的宽大的山峰。

钟子：指钟子期，善于听音律。

谪仙：指李白。

悠悠：连绵不尽的样子。

yú duì niǎo   jí duì jiū   cuì guǎn duì hóng lóu
鱼对鸟，鹡对鸠。翠馆对红楼。

qī xián duì sān yǒu   ài rì duì bēi qiū
七贤对三友，爱日对悲秋。

hǔ lèi gǒu   yǐ rú niú   liè bì duì zhū hóu
虎类狗，蚁如牛。列辟对诸侯。

chén chàng lín chūn yuè   suí gē qīng yè yóu
陈唱临春乐，隋歌清夜游。

kōng zhōng shì yè qí lín gé
空中事业麒麟阁，

dì xià wén zhāng yīng wǔ zhōu
地下文章鹦鹉洲。

kuàng yě píng yuán   liè shì mǎ tí qīng sì jiàn
旷野平原，猎士马蹄轻似箭；

xié fēng xì yǔ   mù tóng niú bèi wěn rú zhōu
斜风细雨，牧童牛背稳如舟。

经典译文

鱼和鸟相对，鹡鸰和斑鸠相对。佳人居住的翠馆对应富家女子居住的红楼。竹林七贤对应岁寒三友，珍惜时日和悲叹秋天相对。画虎画得像狗，听到蚂蚁爬行以为是牛在争斗。众多王侯对应诸侯。陈后主让人唱着《临春乐》，隋炀帝让人在宫中唱《清夜游》。汉代麒麟阁中画着功臣像，用来表彰功业；写下《鹦鹉赋》的祢衡已经死去。空旷的平野上，猎人骑着马，马蹄轻快地像箭一样；斜风细雨里，牧童骑在牛背上，安稳得如同坐船一般。

高山流水

《高山流水》是中国的古琴曲名，中国十大古曲之一，原曲已散失。

伯牙是先秦时有名的琴师。一次，伯牙在荒山野地弹琴，樵夫钟子期被琴声吸引，细细聆听，竟能全然领会伯牙所弹音乐的高妙之处。

若是伯牙一边想象着高山一边弹琴，钟子期便会说："弹得真好啊！我好像看到了一座巍峨的高山。"若是伯牙一边想象着流水一边弹奏，钟子期又会说："弹得真好啊！我好像看到了茫茫无际的江河。"不管伯牙想什么，钟子期总能从他的琴声中听出来。

有一次，两人去泰山北面游玩，滂沱暴雨倏然而至，他们只好到一块大岩石下避雨。伯牙心中感到悲伤，便拿出随身携带的琴弹奏起来，开始时，琴声犹如连绵细雨，后来，便像大山崩裂。每次弹奏，钟子期都能体会到其中的含义。于是，伯牙放下琴感慨道："好呀！好呀！你的想象都是我心中所想，我的琴声无论如何也逃不出你的听力了！"

后来钟子期去世，伯牙便摔断了琴，扯断了琴弦，再不弹奏，感叹道："知己已经不在了，我还弹琴给谁听呢？"于是，"高山流水"这个成语，就常被人们用来表示知音难求、痛失知音的含义。

音韵常识

《笠翁对韵》中，有一字对，如"天对地"；有二字对，如"大陆对长空""柏秀对松枯"；有三字对，如"雷隐隐，雾蒙蒙""花灼灼，草茸茸"等。

原文诵读

gē duì qǔ　　xiào duì yín
歌对曲，啸对吟。

wǎng gǔ duì lái jīn
往古对来今。

shān tóu duì shuǐ miàn　　yuǎn pǔ duì yáo cén
山头对水面，远浦对遥岑。

qín sān shàng　　xī cùn yīn
勤三上，惜寸阴。

mào shù duì píng lín
茂树对平林。

biàn hé sān xiàn yù　　yáng zhèn sì zhī jīn
卞和三献玉，杨震四知金。

qīng huáng fēng nuǎn cuī fāng cǎo　　bái dì chéng gāo jí mù zhēn
青皇风暖催芳草，白帝城高急暮砧。

xiù hǔ diāo lóng　　cái zǐ chuāng qián huī cǎi bǐ
绣虎雕龙，才子窗前挥彩笔；

miáo luán cì fèng　　jiā rén lián xià dù jīn zhēn
描鸾刺凤，佳人帘下度金针。

歌曲和乐曲相对，啸和吟唱相对。过去对应现在。山头对应水面，远处的河岸对应遥远的山。古人读书要求在马上、枕上、厕上都要勤奋，珍惜如一寸般短暂的光阴。茂密的树木对应平坦的林子。卞和三次把宝玉献给楚王；汉人杨震认为天知、神知、我知、你知，因此拒收贿赂。春天暖和的风催促着芳草生长，高高的白帝城上传来了急促的捣衣声。才子在窗前挥笔创作的文章辞藻华美，就像绣着虎、雕着龙；描绘着鸳鸟、刺画着凤凰，美丽的姑娘在帘子下刺绣。

注释精讲

啸：一种歌吟方式。

卞和：春秋时楚国人，和氏璧的发现者。

青皇：指青帝，传说中位于东方的司春之神。

原文诵读

dēng duì tiào　　shè duì lín
登对眺，涉对临。

ruì xuě duì gān lín
瑞雪对甘霖。

zhǔ huān duì mín lè　　jiāo qiǎn duì yán shēn
主欢对民乐，交浅对言深。

chǐ sān zhàn　　lè qī qín
耻三战，乐七擒。

gù qǔ duì zhī yīn
顾曲对知音。

dà chē xíng kǎn kǎn　　sì mǎ zhòu qīn qīn
大车行槛槛，驷马骤骎骎。

zǐ diàn qīng hóng téng jiàn qì　　gāo shān liú shuǐ shí qín xīn
紫电青虹腾剑气，高山流水识琴心。

qū zǐ huái jūn　　jí pǔ yín fēng bēi zé pàn
屈子怀君，极浦吟风悲泽畔；

wáng láng yì yǒu
王郎忆友，

piān zhōu wò xuě fǎng shān yīn
扁舟卧雪访山阴。

经典译文

　　登高和远望相对，徒步过水对应面对。瑞雪和甘霖相对。君主欢欣对应民众快乐，交情浅薄对应言谈深入。鲁将曹沫对三战齐国皆败感到羞耻，人们以诸葛亮七擒七放孟获的事迹为乐谈。周瑜听见人弹错曲子而回头，对应钟子期通晓音律。大车前行时声音槛槛，四匹马共同拉动的马车飞驰。紫电和青虹剑气腾飞，听琴音分辨表达的是高山还是流水。屈原怀念国君，在极远的水边悲伤吟诵《悲回风》；王徽之想念朋友，雪天乘小船从山阴县出发去拜访，兴尽后未见到朋友就回来了。

注释精讲

瑞雪： 有益的雪。
甘霖： 及时的雨。
槛槛：《诗经·大车》有"大车槛槛"句。
紫电、青虹： 均为古剑名。
高山流水： 琴曲所表达的高山和流水，比喻知音难遇或琴音高妙。

十三覃

音韵常识

《笠翁对韵》中的五字对，如"风高秋月白，雨霁晚霞红"；七字对，如"蓝水远从千涧落，玉山高并两峰寒"；十一字对，如"门外飞雪，错认空中飘柳絮；岩边瀑响，误疑天半落银河"。

原文诵读

gōng duì què　　zuò duì kān　　shuǐ běi duì tiān nán
宫 对 阙， 座 对 龛。 水 北 对 天 南。

shèn lóu duì yǐ jùn　　wěi lùn duì gāo tán
蜃 楼 对 蚁 郡， 伟 论 对 高 谈。

lín qǐ zǐ　　shù pián nán　　dé yī duì hán sān
遴 杞 梓， 树 楩 楠。 得 一 对 函 三。

bā bǎo shān hú zhěn　　shuāng zhū dài mào zān
八 宝 珊 瑚 枕， 双 珠 玳 瑁 簪。

xiāo wáng dài shì xīn wéi chì　　lú xiàng qī jūn miàn dú lán
萧 王 待 士 心 惟 赤， 卢 相 欺 君 面 独 蓝。

jiǎ dǎo shī kuáng　　shǒu nǐ qiāo mén xíng chù xiǎng
贾 岛 诗 狂， 手 拟 敲 门 行 处 想；

zhāng diān cǎo shèng　　tóu néng rú mò xiě shí hān
张 颠 草 圣， 头 能 濡 墨 写 时 酣。

经典译文

皇宫和朝廷相对，座位和神龛相对。水之北对应天之南。蜃气变成的楼阁和梦中蚁窝化成的国家相对，宏伟的言论对应高明的言谈。像选择杞树和梓树一样选拔人才，像种植黄楩和楠木一样培养人才。《老子》中的得道对应《汉书》中提到的包含天、地、人三方面。珊瑚做的八宝枕头，玳瑁做的镶嵌双珠的发簪。萧王刘秀用赤诚之心待人，蓝面宰相卢杞经常欺骗皇帝。贾岛写诗写得癫狂，一边行进一边用手比画敲门的动作；张旭擅长草书，被称草圣，能用头发蘸着墨汁畅快地写字。

wén duì jiàn　　jiě duì ān　　sān jú duì shuāng gān
闻对见，解对谙。三橘对双柑。

huáng tóng duì bái sǒu　　jìng nǚ duì qí nán
黄童对白叟，静女对奇男。

qiū qī qī　　jìng sān sān　　hǎi sè duì shān lán
秋七七，径三三。海色对山岚。

luán shēng hé huì huì　　hǔ shì zhèng dān dān
鸾声何哕哕，虎视正眈眈。

yí fēng jiāng lì zhī ní fǔ　　hán gǔ guān rén shí lǎo dān
仪封疆吏知尼父，函谷关人识老聃。

jiāng xiàng guī chí　　zhǐ shuǐ zì méng zhēn shì zhǐ
江相归池，止水自盟真是止；

wú gōng zuò zǎi　　tān quán suī yǐn yì hé tān
吴公作宰，贪泉虽饮亦何贪？

经典译文

　　听闻和看见相对，明白和熟悉相对。陆绩怀抱三个橘子对应冯贽双柑斗酒。黄毛儿童对应白发老翁，娴静女子和奇男子相对。殷七七能让杜鹃秋天开花，杨万里开辟了九条小路种植不同的花木。海上景致对应山中雾气。鸾凤有节奏的鸣叫声，老虎凶狠地注视着。仪地的边疆小官认识孔子，函谷关的尹喜能辨识老子。元军破城，南宋宰相江万里投止水自尽，在池边立下的誓言真的终结了生命；吴隐之做广州刺史，虽然喝了贪泉的水，又怎会变得贪婪呢？

十四盐

音韵常识 在对联中，下联尾字都是平声，上联尾字多是仄声，如我们常听到的"风声雨声读书声，声声入耳；家事国事天下事，事事关心"。上联"耳"字仄声收尾，下联"心"字平声收尾。

原文诵读

kuān duì měng　　lěng duì yán
宽对猛，冷对炎。

qīng zhí duì zūn yán
清直对尊严。

yún tóu duì yǔ jiǎo　　hè fà duì lóng rán
云头对雨脚，鹤发对龙髯。

fēng tái jiàn　　sù táng lián
风台谏，肃堂廉。

bǎo tài duì míng qiān
保泰对鸣谦。

wǔ hú guī fàn lǐ　　sān jìng yǐn táo qián
五湖归范蠡，三径隐陶潜。

yí jiàn chéng gōng kān pèi yìn　　bǎi qián mǎn guà biàn chuí lián
一剑成功堪佩印，百钱满卦便垂帘。

zhuó jiǔ tíng bēi　　róng wǒ bàn hān chóu jì yǐn
浊酒停杯，容我半酣愁际饮；

hǎo huā bàng zuò　　kàn tā wēi xiào wù shí niān
好花傍座，看他微笑悟时拈。

经典译文

　　仁厚和严厉相对，寒冷和炎热相对。清廉正直对应尊贵威严。云彩上面和长垂及地的雨丝相对，老人白发如鹤羽对应龙的胡须。讽谏的官署，廉洁的官署。保持安康和以谦虚闻名相对。范蠡帮助越国灭吴之后归隐于五湖，陶潜辞官后开始隐居。苏秦成功说服六国合纵，能够配上六国相印；严遵给人算卦，赚够一百文钱就垂下帘子不再算了。愁苦的时候让我痛快地喝个半醉再停杯；美丽的花依傍在座位旁，等人觉悟露出微笑时再去拈取。

注释精讲

风： 通"讽"，劝谏。

范蠡： 春秋时越国大夫。

陶潜： 晋代诗人陶渊明，《归去来兮辞》有"三径就荒，松菊犹存"句。

浊酒： 指较混浊的酒。

rén duì jǐ　ài duì xián　jǔ zhǐ duì guān zhān
人对己，爱对嫌。举止对观瞻。

sì zhī duì sān yǔ　yì zhèng duì cí yán
四知对三语，义正对辞严。

qín xuě àn　kè fēng yán　lòu jiàn duì shū jiān
勤雪案，课风檐。漏箭对书笺。

wén fán guī tǎ jì　tǐ yàn bié xiāng lián
文繁归獭祭，体艳别香奁。

zuó yè tí méi gēng yí zì　zǎo chūn lái yàn juǎn chóng lián
昨夜题梅更一字，早春来燕卷重帘。

shī yǐ shǐ míng　chóu lǐ bēi gē huái dù fǔ
诗以史名，愁里悲歌怀杜甫；

bǐ jīng rén suǒ　mèng zhōng xiǎn huì lǎo jiāng yān
笔经人索，梦中显晦老江淹。

　　他人和自己相对，喜爱和嫌弃相对。姿态风度对应瞻望观赏。杨震的"四知"对应阮瞻的"将无同"三个字，正义的含义对应严厉的辞藻。在落雪的桌上勤奋学习，在屋檐透风、条件简陋的屋舍里学习。漏壶的部件漏箭和书签相对。文章罗列典故过多就会像水獭祭鱼时一样，爱情诗、色情诗被称为香奁体。郑谷更改了齐己《早梅》诗中的一个字，早春时节卷起层层帘子迎接燕子归来。当人们忧愁而悲壮地歌唱时，便会怀念起杜甫，他的诗以描写史实闻名；梦见自己的五色笔被郭璞要走后，江淹就似乎变老了，才思慢慢开始枯竭。

音韵常识 | 古人读书都是从右往左竖着读的，因此对联的贴法也应该是上联在右，下联在左。

原文诵读

zāi duì zhí　　tì duì shān　　　èr bó duì sān jiān
栽对植，薙对芟。二伯对三监。

cháo chén duì guó lǎo　　zhí shì duì guān xián
朝臣对国老，职事对官衔。

lù yǔ yǔ　　　tù chán chán　　qǐ dú duì kāi jiān
鹿麌麌，兔毚毚。启牍对开缄。

lù yáng yīng xiàn huǎn　　hóng xìng yàn ní nán
绿杨莺睍睆，红杏燕呢喃。

bàn lí bái jiǔ yú táo lìng　　yì zhěn huáng liáng dù lǚ yán
半篱白酒娱陶令，一枕黄粱度吕岩。

jiǔ xià yán biāo　　cháng rì fēng tíng liú kè jì
九夏炎飙，长日风亭留客骑；

sān dōng hán liè
三冬寒冽，

màn tiān xuě làng zhù zhēng fān
漫天雪浪驻征帆。

　　栽培和种植相对，除草和割草相对。西周主掌国事的两位大臣和周武王分管殷商遗民的三个弟弟相对。朝中大臣对应国家元老，办事职位和所处官衔相对。鹿成群结队，兔子蹦蹦跳跳。打开简牍对应打开书函。莺在绿杨树上婉转鸣叫，燕子在开满红杏的树中间呢喃。在东篱下喝白酒就可以让陶渊明感到快乐，吕翁在店主蒸黄粱时用一个枕头就让卢生突然觉悟。夏日漫长，炎热的风让骑马的过客躲在亭中不敢出去；冬天寒冷，漫天的大雪阻挡了将要远行的帆船。

原文诵读

<ruby>梧<rt>wú</rt></ruby> <ruby>对<rt>duì</rt></ruby> <ruby>杞<rt>qǐ</rt></ruby>，<ruby>柏<rt>bǎi</rt></ruby> <ruby>对<rt>duì</rt></ruby> <ruby>杉<rt>shān</rt></ruby>。<ruby>夏<rt>xià</rt></ruby> <ruby>濩<rt>huò</rt></ruby> <ruby>对<rt>duì</rt></ruby> <ruby>韶<rt>sháo</rt></ruby> <ruby>咸<rt>xián</rt></ruby>。

<ruby>涧<rt>jiàn</rt></ruby> <ruby>瀍<rt>chán</rt></ruby> <ruby>对<rt>duì</rt></ruby> <ruby>溱<rt>zhēn</rt></ruby> <ruby>洧<rt>wěi</rt></ruby>，<ruby>巩<rt>gǒng</rt></ruby> <ruby>洛<rt>luò</rt></ruby> <ruby>对<rt>duì</rt></ruby> <ruby>崤<rt>xiáo</rt></ruby> <ruby>函<rt>hán</rt></ruby>。

<ruby>藏<rt>cáng</rt></ruby> <ruby>书<rt>shū</rt></ruby> <ruby>洞<rt>dòng</rt></ruby>，<ruby>避<rt>bì</rt></ruby> <ruby>诏<rt>zhào</rt></ruby> <ruby>岩<rt>yán</rt></ruby>。<ruby>脱<rt>tuō</rt></ruby> <ruby>俗<rt>sú</rt></ruby> <ruby>对<rt>duì</rt></ruby> <ruby>超<rt>chāo</rt></ruby> <ruby>凡<rt>fán</rt></ruby>。

<ruby>贤<rt>xián</rt></ruby> <ruby>人<rt>rén</rt></ruby> <ruby>羞<rt>xiū</rt></ruby> <ruby>献<rt>xiàn</rt></ruby> <ruby>媚<rt>mèi</rt></ruby>，<ruby>正<rt>zhèng</rt></ruby> <ruby>士<rt>shì</rt></ruby> <ruby>嫉<rt>jí</rt></ruby> <ruby>工<rt>gōng</rt></ruby> <ruby>谗<rt>chán</rt></ruby>。

<ruby>霸<rt>bà</rt></ruby> <ruby>越<rt>yuè</rt></ruby> <ruby>谋<rt>móu</rt></ruby> <ruby>臣<rt>chén</rt></ruby> <ruby>推<rt>tuī</rt></ruby> <ruby>少<rt>shào</rt></ruby> <ruby>伯<rt>bó</rt></ruby>，<ruby>佐<rt>zuǒ</rt></ruby> <ruby>唐<rt>táng</rt></ruby> <ruby>藩<rt>fān</rt></ruby> <ruby>将<rt>jiàng</rt></ruby> <ruby>重<rt>zhòng</rt></ruby> <ruby>浑<rt>hún</rt></ruby> <ruby>瑊<rt>jiān</rt></ruby>。

<ruby>邺<rt>yè</rt></ruby> <ruby>下<rt>xià</rt></ruby> <ruby>狂<rt>kuáng</rt></ruby> <ruby>生<rt>shēng</rt></ruby>，<ruby>羯<rt>jié</rt></ruby> <ruby>鼓<rt>gǔ</rt></ruby> <ruby>三<rt>sān</rt></ruby> <ruby>挝<rt>zhuā</rt></ruby> <ruby>羞<rt>xiū</rt></ruby> <ruby>锦<rt>jǐn</rt></ruby> <ruby>袄<rt>ǎo</rt></ruby>；

<ruby>江<rt>jiāng</rt></ruby> <ruby>州<rt>zhōu</rt></ruby> <ruby>司<rt>sī</rt></ruby> <ruby>马<rt>mǎ</rt></ruby>，<ruby>琵<rt>pí</rt></ruby> <ruby>琶<rt>pá</rt></ruby> <ruby>一<rt>yì</rt></ruby> <ruby>曲<rt>qǔ</rt></ruby> <ruby>湿<rt>shī</rt></ruby> <ruby>青<rt>qīng</rt></ruby> <ruby>衫<rt>shān</rt></ruby>。

梧桐和杞树相对，柏树和杉树相对。乐曲《夏》《濩》对应《韶》《咸》。涧、瀍二水和溱、洧二水，巩地洛水和崤山函谷关相对。藏书的山洞，躲避朝廷诏书的岩洞。脱离俗气与超越平凡相对。贤能的人羞于做讨好他人的事，正义之士憎恶善于谗言的人。越国得以称霸，立下功劳的谋臣中首推范蠡，辅佐唐王朝的藩国将领中功劳最大的是浑瑊。狂放的祢衡在邺下用羯鼓敲打《渔阳三挝》来羞辱曹操；任江州司马的白居易听了一首琵琶曲之后，眼泪打湿了自己的青衫。

注释精讲

浑瑊：唐代人，平定安史之乱的大将之一。

羯鼓：一种鼓，打击乐器。

击鼓骂曹

　　东汉末年名士祢衡，经孔融推荐到朝廷做官，但他恃才傲物，不得曹操待见，于是，曹操任命他为鼓吏。祢衡知道曹操是想羞辱自己，但还是答应了。

　　曹操举办宴会，宴请百官，命令鼓吏击鼓助兴。祢衡特意穿了一身破衣旧服前来。按照规矩，鼓吏们先脱掉自己的衣服，换上专门的表演服装。轮到祢衡时，大家发现他并没有换衣服，上来就演奏了一首《渔阳三挝》。诸宾客均为之动容。这时，有人大声责问："你为什么不换衣服！"祢衡这才慢吞吞开始脱衣服，浑身裸露。曹操怒道："庙堂之上，你不免太过无礼！"

　　祢衡反唇相讥："欺君昧上才叫无礼。我暴露父母给予的身体，是为了显示我的清白罢了！"

　　曹操又问："你清白，那谁才污浊呢？"

　　"你贤愚不分，是眼睛污浊；不读诗书，所以口齿污浊；不听忠言，所以耳朵污浊；不懂历史，因此身体污浊；容不得他人，是腹中污浊；常怀篡位谋逆的想法，是你的心污浊！"

　　曹操一气之下，用了一招借刀杀人的计谋，命令祢衡去劝降刘表，祢衡最终因狂妄不羁被刘表部将黄祖所杀。

声 律 启 蒙

《声律启蒙》体例与《笠翁对韵》相同。作者车万育，清康熙年间进士、兵科掌印给事中，字双亭、与三，号鹤田、敏州、云崔，湖南邵阳人，性情刚直、学问广博，擅书法。代表作《声律启蒙》《怀园集唐诗》《萤照堂明代法书石刻》十卷等。

一东

原文诵读

yún duì yǔ　　xuě duì fēng
云对雨，雪对风。

wǎn zhào duì qíng kōng
晚照对晴空。

lái hóng duì qù yàn　　sù niǎo duì míng chóng
来鸿对去燕，宿鸟对鸣虫。

sān chǐ jiàn　　liù jūn gōng
三尺剑，六钧弓。

lǐng běi duì jiāng dōng
岭北对江东。

rén jiān qīng shǔ diàn　　tiān shàng guǎng hán gōng
人间清暑殿，天上 广寒宫。

liǎng àn xiǎo yān yáng liǔ lǜ　　yì yuán chūn yǔ xìng huā hóng
两岸晓烟杨柳绿，一园春雨杏花红。

liǎng bìn fēng shuāng　　tú cì zǎo xíng zhī kè
两鬓风霜，途次早行之客；

yì suō yān yǔ　　xī biān wǎn diào zhī wēng
一蓑烟雨，溪边晚钓之翁。

注释精讲

钧：古代重量单位，三十斤为一钧。

次：旅行居住的处所。

原文诵读

chūn duì xià　qiū duì dōng
春对夏，秋对冬。

mù gǔ duì chén zhōng
暮鼓对晨钟。

guān shān duì wán shuǐ　lù zhú duì cāng sōng
观山对玩水，绿竹对苍松。

féng fù hǔ　yè gōng lóng
冯妇虎，叶公龙。

wǔ dié duì míng qióng
舞蝶对鸣蛬。

xián ní shuāng zǐ yàn　kè mì jǐ huáng fēng
衔泥双紫燕，课蜜几黄蜂。

chūn rì yuán zhōng yīng qià qià
春日园中莺恰恰，

qiū tiān sài wài yàn yōng yōng
秋天塞外雁雍雍。

qín lǐng yún héng　tiáo dì bā qiān yuǎn lù
秦岭云横，迢递八千远路；

wū shān yǔ xǐ　cuó é shí èr wēi fēng
巫山雨洗，嵯峨十二危峰。

注释精讲

冯妇：人名，善于同虎搏斗。

蛬：蟋蟀。

课蜜：采蜜。

雍雍：大雁和鸣的声音。

迢递：遥远的样子。

嵯峨：山高大的样子。

125

三江

原文诵读

jīng duì pèi　　gài duì chuáng　　gù guó duì tā bāng
旌对旆，盖对幢。故国对他邦。

qiān shān duì wàn shuǐ　　jiǔ zé duì sān jiāng
千山对万水，九泽对三江。

shān jí jí　　shuǐ cóng cóng　　gǔ zhèn duì zhōng zhuàng
山岌岌，水淙淙。鼓振对钟撞。

qīng fēng shēng jiǔ shè　　hào yuè zhào shū chuāng
清风生酒舍，皓月照书窗。

zhèn shàng dǎo gē xīn zhòu zhàn　　dào páng xì jiàn zǐ yīng xiáng
阵上倒戈辛纣战，道旁系剑子婴降。

xià rì chí táng　　chū mò yù bō ōu duì duì
夏日池塘，出没浴波鸥对对；

chūn fēng lián mù　　wǎng lái yíng lěi yàn shuāng shuāng
春风帘幕，往来营垒燕双双。

原文诵读

gē duì jiǎ　　gǔ duì qí　　zǐ yàn duì huáng lí
戈对甲，鼓对旗。紫燕对黄鹂。

méi suān duì lǐ kǔ　　qīng yǎn duì bái méi
梅酸对李苦，青眼对白眉。

sān nòng dí　　yì wéi qí　　yǔ dǎ duì fēng chuī
三弄笛，一围棋。雨打对风吹。

hǎi táng chūn shuì zǎo
海棠春睡早，

yáng liǔ zhòu mián chí
杨柳昼眠迟。

zhāng jùn céng wèi huái shù fù
张骏曾为槐树赋，

dù líng bú zuò hǎi táng shī
杜陵不作海棠诗。

jìn shì tè qí　　kě bǐ yì bān zhī bào
晋士特奇，可比一斑之豹；

táng rú bó shí　　kān wèi wǔ zǒng zhī guī
唐儒博识，堪为五总之龟。

注释精讲

青眼：表示重视。白眼表示轻视。

白眉：三国时马良的眉毛上有白毛。

张骏：晋代人，十岁能写文章。

杜陵：唐代诗人杜甫。

晋士：指书法家王羲之的儿子王献之，看人玩游戏，可推测出胜负。

唐儒：指唐代人殷践猷。

五总之龟：龟每二百年生出二尾，称一总，一千年生出五尾，称一聚。五总之龟无所不知。

五微

lái duì wǎng　　mì duì xī　　yàn wǔ duì yīng fēi
来对往，密对稀。燕舞对莺飞。

fēng qīng duì yuè lǎng　　lù zhòng duì yān wēi
风清对月朗，露重对烟微。

shuāng jú shòu　　yǔ méi féi　　kè lù duì yú jī
霜菊瘦，雨梅肥。客路对渔矶。

wǎn xiá shū jǐn xiù　　zhāo lù zhuì zhū jī
晚霞舒锦绣，朝露缀珠玑。

xià shǔ kè sī yǐ shí zhěn　　qiū hán fù niàn jì biān yī
夏暑客思欹石枕，秋寒妇念寄边衣。

chūn shuǐ cái shēn　　qīng cǎo àn biān yú fù qù
春水才深，青草岸边渔父去；

xī yáng bàn luò　　lù shā yuán shàng mù tóng guī
夕阳半落，绿莎原上牧童归。

注释精讲

路：旅途。

渔矶：水边可供垂钓的岩石。

欹：斜倚、斜靠。

边衣：给守卫边疆的战士穿的衣裳。

莎：一种草名，块茎可入药。

原文诵读

zhōng duì shǐ　　jí duì xú　　duǎn hè duì huá jū
终 对 始，疾 对 徐。短 褐 对 华 裾。

liù cháo duì sān guó　　tiān lù duì shí qú
六 朝 对 三 国，天 禄 对 石 渠。

qiān zì cè　　bā háng shū　　yǒu ruò duì xiàng rú
千 字 策，八 行 书。有 若 对 相 如。

huā cán wú xì dié　　zǎo mì yǒu qián yú
花 残 无 戏 蝶，藻 密 有 潜 鱼。

luò yè wǔ fēng gāo fù xià　　xiǎo hé fú shuǐ juǎn hái shū
落 叶 舞 风 高 复 下，小 荷 浮 水 卷 还 舒。

ài xiàn rén cháng　　gòng fú xuān ní xiū jiǎ gài
爱 见 人 长，　共 服 宣 尼 休 假 盖；

kǒng zhāng jǐ lìn　　shuí zhī ruǎn yù jìng fén chē
恐 彰 己 吝，谁 知 阮 裕 竟 焚 车。

注释精讲

短褐：古代平民所穿的衣服，用兽毛或粗麻布做成的短上衣。

裾：衣袖和衣襟均可叫作裾，此处代指衣服。

天禄、石渠：西汉长安皇宫内殿阁名，收藏国家图书典籍。

八行书：古时信笺每页有八行。指书信。

有若：孔子的弟子，字子有。

见：通"现"，表现、显示。

宣尼：孔子。

假：借。

七虞

原文诵读

jīn duì yù　　bǎo duì zhū　　yù tù duì jīn wū
金对玉，宝对珠。玉兔对金乌。

gū zhōu duì duǎn zhào　　yí yàn duì shuāng fú
孤舟对短棹，一雁对双凫。

héng zuì yǎn　　niǎn yín xū　　lǐ bái duì yáng zhū
横醉眼，捻吟须。李白对杨朱。

qiū shuāng duō guò yàn　　yè yuè yǒu tí wū
秋霜多过雁，夜月有啼乌。

rì nuǎn yuán lín huā yì shǎng　　xuě hán cūn shè jiǔ nán gū
日暖园林花易赏，雪寒村舍酒难沽。

rén chǔ lǐng nán　　shàn tàn jù xiàng kǒu zhōng chǐ
人处岭南，善探巨象口中齿；

kè jū jiāng yòu　　ǒu duó lí lóng hàn xià zhū
客居江右，偶夺骊龙颔下珠。

原文诵读

yán duì xiù   jiàn duì xī   yuǎn àn duì wēi dī
岩 对 岫 ， 涧 对 溪 。 远 岸 对 危 堤 。

hè cháng duì fú duǎn   shuǐ yàn duì shān jī
鹤 长 对 凫 短 ， 水 雁 对 山 鸡 。

xīng gǒng běi   yuè liú xī   hàn lù duì tāng ní
星 拱 北 ， 月 流 西 。 汉 露 对 汤 霓 。

táo lín niú yǐ fàng   yú bǎn mǎ cháng sī
桃 林 牛 已 放 ， 虞 坂 马 长 嘶 。

shū zhí qù guān wén guǎng shòu   dì xiōng ràng guó yǒu yí qí
叔 侄 去 官 闻 广 受 ， 弟 兄 让 国 有 夷 齐 。

sān yuè chūn nóng   sháo yào cóng zhōng hú dié wǔ
三 月 春 浓 ， 芍 药 丛 中 蝴 蝶 舞 ；

wǔ gēng tiān xiǎo   hǎi táng zhī shàng zǐ guī tí
五 更 天 晓 ， 海 棠 枝 上 子 规 啼 。

注释精讲

鹤长、凫短： 仙鹤的脖子长，野鸭的脖子短。

星拱北： 群星都环绕着北极星。

月流西： 月亮向西边落下去。

汉露： 汉武帝建承露盘，接天上降下的甘露制长生不老药。

汤霓： 人们盼望商汤王推翻暴虐的夏朝，就像盼望雨后彩虹。

桃林牛已放： 周武王灭商后，将运输物品的牛放归桃林，以示战争结束。

叔侄去官闻广受： 去官，辞官。广受，汉代的疏广和疏受。

夷齐： 商代孤竹君的两个儿子伯夷和叔齐。

九 佳

chéng duì shì　　xiàng duì jiē　　pò wū duì kōng jiē
城 对 市，巷 对 街。破 屋 对 空 阶。

táo zhī duì guì yè　　qì yǐn duì qiáng wō
桃 枝 对 桂 叶，砌 蚓 对 墙 蜗。

méi kě wàng　　jú kān huái　　jì lù duì gāo chái
梅 可 望，橘 堪 怀。季 路 对 高 柴。

huā cáng gū jiǔ shì　　zhú yìng dú shū zhāi
花 藏 沽 酒 市，竹 映 读 书 斋。

mǎ shǒu bù róng gū zhú kòu　　chē lún zhōng jiù luò yáng mái
马 首 不 容 孤 竹 扣，车 轮 终 就 洛 阳 埋。

cháo zǎi jǐn yī　　guì shù wū xī zhī dài
朝 宰 锦 衣，贵 束 乌 犀 之 带；

gōng rén bǎo jì　　yí zān bái yàn zhī chāi
宫 人 宝 髻，宜 簪 白 燕 之 钗。

原文诵读

shā duì shuǐ　huǒ duì huī　yǔ xuě duì fēng léi
沙对水，火对灰。雨雪对风雷。

shū yín duì zhuàn pǐ　shuǐ hǔ duì yán wēi
书淫对传癖，水浒对岩隈。

gē jiù qǔ　niàng xīn pēi　wǔ guǎn duì gē tái
歌旧曲，酿新醅。舞馆对歌台。

chūn táng jīng yǔ fàng　qiū jú ào shuāng kāi
春棠经雨放，秋菊傲霜开。

zuò jiǔ gù nán wàng qū niè　tiáo gēng bì yào yòng yán méi
作酒固难忘曲蘖，调羹必要用盐梅。

yuè mǎn yǔ lóu　jù hú chuáng ér kě wán
月满庾楼，据胡床而可玩；

huā kāi táng yuàn　hōng jié gǔ yǐ xī cuī
花开唐苑，轰羯鼓以奚催。

注释精讲

淫：过分爱好。晋代皇甫谧爱书入迷。

传：经典。晋代杜预热爱经典成癖。

浒：水边。

隈：山的弯曲处。

新醅：刚刚酿好的酒。

曲蘖：酒母。

庾楼：东晋庾亮曾于武昌同手下官吏登南楼赏月。

胡床：一种由西域传入的可折叠的轻便坐具。

原文诵读

āi duì lè　　fù duì pín　　　hǎo yǒu duì jiā bīn
哀对乐，富对贫。好友对嘉宾。

tán guān duì jié shòu　　bái rì duì qīng chūn
弹冠对结绶，白日对青春。

jīn fěi cuì　　yù qí lín　　　hǔ zhǎo duì lóng lín
金翡翠，玉麒麟。虎爪对龙鳞。

liǔ táng shēng xì làng　　huā jìng qǐ xiāng chén
柳塘生细浪，花径起香尘。

xián ài dēng shān chuān xiè jī　　zuì sī lù jiǔ tuō táo jīn
闲爱登山穿谢屐，醉思漉酒脱陶巾。

xuě lěng shuāng yán　　　yǐ jiàn sōng yún tóng ào suì
雪冷霜严，倚槛松筠同傲岁；

rì chí fēng nuǎn　　mǎn yuán huā liǔ gè zhēng chūn
日迟风暖，满园花柳各争春。

注释精讲

冠：帽子。王吉和贡禹相互提拔为官，王吉做了官，
贡禹就弹去帽子上的灰尘，准备做官了。

结绶：配好用来系官印的丝带，比喻出来做官。

谢屐：南朝诗人谢灵运设计的专门登山的鞋，人称
"谢公屐"。

漉酒：陶渊明煮酒时，常用头上的葛巾过滤酒。

日迟：太阳移动得很慢，春天的景象。

原文诵读

jiā duì guó　　wǔ duì wén　　　sì fǔ duì sān jūn
家对国，武对文。四辅对三军。

jiǔ jīng duì sān shǐ　　jú fù duì lán fēn
九经对三史，菊馥对兰芬。

gē běi bǐ　　yǒng nán xūn　　ěr tīng duì yáo wén
歌北鄙，咏南薰。迩听对遥闻。

shào gōng zhōu tài bǎo　　lǐ guǎng hàn jiāng jūn
召公周太保，李广汉将军。

wén huà shǔ mín jiē cǎo yǎn　　zhēng quán jìn tǔ yǐ sān fēn
闻化蜀民皆草偃，争权晋土已三分。

wū xiá yè shēn　　yuán xiào kǔ āi bā dì yuè
巫峡夜深，猿啸苦哀巴地月；

héng fēng qiū zǎo　　yàn fēi gāo tiē chǔ tiān yún
衡峰秋早，雁飞高贴楚天云。

注释精讲

北鄙：北方边境上的城邑，代指此地的歌谣。

南薰：南风，代指南风之歌。

闻化蜀民皆草偃：西汉时，蜀地太守文翁为改变当地鄙陋民风，派小吏到京城学习，提倡文教，百姓们像被风吹倒的草一样，发生了改变。

争权晋土已瓜分：晋国掌权大臣争权夺利，最终造成了韩、赵、魏"三家分晋"的局面。

十三元

yōu duì xiǎn　　jì duì xuān　　liǔ àn duì táo yuán
幽对显，寂对喧。柳岸对桃源。

yīng péng duì yàn yǒu　　zǎo mù duì hán xuān
莺朋对燕友，早暮对寒暄。

yú yuè zhǎo　　hè chéng xuān　　zuì dǎn duì yín hún
鱼跃沼，鹤乘轩。醉胆对吟魂。

qīng chén shēng fàn zèng　　jī xuě yōng yuán mén
轻尘生范甑，积雪拥袁门。

lǚ lǚ qīng yān fāng cǎo dù　　sī sī wēi yǔ xìng huā cūn
缕缕轻烟芳草渡，丝丝微雨杏花村。

yì què wáng tōng　　xiàn tài píng shí èr cè
诣阙王通，献太平十二策；

chū guān lǎo zǐ　　zhù dào dé wǔ qiān yán
出关老子，著道德五千言。

注释精讲

鱼跃沼：传说周天子在灵沼边游玩时，池中鱼群均翻腾跳跃。

鹤乘轩：卫灵公喜欢仙鹤，喂养的鹤可乘轩车，同士大夫待遇。

轻尘生范甑：东汉范冉家中贫穷，常断粮，蒸饭的甑中落满灰尘。

原文诵读

duō duì shǎo　yì duì nán　hǔ jù duì lóng pán
多对少，易对难。虎踞对龙蟠。

lóng zhōu duì fèng niǎn　bái hè duì qīng luán
龙舟对凤辇，白鹤对青鸾。

fēng xī xī　lù tuán tuán　xiù gǔ duì diāo ān
风淅淅，露漙漙。绣毂对雕鞍。

yú yóu hé yè zhǎo　lù lì liǎo huā tān
鱼游荷叶沼，鹭立蓼花滩。

yǒu jiǔ ruǎn diāo xī yòng jiě　wú yú féng jiá bì xū tán
有酒阮貂奚用解，无鱼冯铗必须弹。

dīng gù mèng sōng　kē yè hū rán shēng fù shàng
丁固梦松，柯叶忽然生腹上；

wén láng huà zhú　zhī shāo shū ěr zhǎng háo duān
文郎画竹，枝梢倏尔长毫端。

注释精讲

踞：蹲，坐。

蟠：弯曲，环绕，盘伏。

辇：天子或王室乘坐的车子。

淅淅：拟风吹的声音。

漙漙：形容露水很多。

绣毂：雕有花纹的车子。

阮貂：晋代人阮孚好饮酒，曾解下佩戴的金貂换酒喝。

原文诵读

yáo duì sòng　　liǔ duì yán　　shǎng shàn duì chéng jiān
姚 对 宋，柳 对 颜。赏 善 对 惩 奸。

chóu zhōng duì mèng lǐ　　qiǎo huì duì chī wán
愁 中 对 梦 里，巧 慧 对 痴 顽。

kǒng běi hǎi　　xiè dōng shān　　shǐ yuè duì zhēng mán
孔 北 海，谢 东 山。使 越 对 征 蛮。

yín shēng wén pú shàng　　lí qū tīng yáng guān
淫 声 闻 濮 上，离 曲 听 阳 关。

xiāo jiàng páo pī rén guì bái　　xiǎo ér yī zhuó lǎo lái bān
骁 将 袍 披 仁 贵 白，小 儿 衣 着 老 莱 斑。

máo shè wú rén　　nán què chén āi shēng tà shàng
茅 舍 无 人，难 却 尘 埃 生 榻 上；

zhú tíng yǒu kè　　shàng liú fēng yuè zài chuāng jiān
竹 亭 有 客，尚 留 风 月 在 窗 间。

注释精讲

姚、宋：唐开元年间宰相姚崇、宋璟。

柳、颜：唐代书法家柳公权、颜真卿，后世称"颜筋柳骨"。

孔北海：孔融，曾任北海太守。

谢东山：东晋谢安出世前隐居东山。

淫声：超出正常限度的音乐。

濮上：濮水之上。

阳关：汉代关隘，位于玉门关以南。

原文诵读

qián duì hòu　　hòu duì xiān　　zhòng chǒu duì gū yán
前 对 后， 后 对 先。 众 丑 对 孤 妍。

yīng huáng duì dié bǎn　　hǔ xué duì lóng yuān
莺 簧 对 蝶 板， 虎 穴 对 龙 渊。

jǐ shí qìng　　guān wéi biān　　shǔ mù duì yuān jiān
击 石 磬， 观 韦 编。 鼠 目 对 鸢 肩。

chūn yuán huā liǔ dì　　qiū zhǎo jì hè tiān
春 园 花 柳 地， 秋 沼 芰 荷 天。

bái yǔ pín huī xián kè zuò　　wū shā bàn zhuì zuì wēng mián
白 羽 频 挥 闲 客 坐， 乌 纱 半 坠 醉 翁 眠。

yě diàn jǐ jiā　　yáng jiǎo fēng yáo gū jiǔ pèi
野 店 几 家， 羊 角 风 摇 沽 酒 斾；

cháng chuān yí dài　　yā tóu bō fàn mài yú chuán
长 川 一 带， 鸭 头 波 泛 卖 鱼 船。

注释精讲

莺簧：吹奏声像黄莺鸣叫一样动听的笙簧。
蝶板：像蝴蝶拍击翅膀一样节拍均匀的乐器板。

二 萧

gōng duì màn　　lìn duì jiāo　　　shuǐ yuǎn duì shān yáo
恭对慢，吝对骄。水远对山遥。

sōng xuān duì zhú jiàn　　xuě fù duì fēng yáo
松轩对竹槛，雪赋对风谣。

chéng wǔ mǎ　　guàn shuāng diāo　　zhú miè duì xiāng xiāo
乘五马，贯双雕。烛灭对香消。

míng chán cháng chè yè　　zhòu yǔ bù zhōng zhāo
明蟾常彻夜，骤雨不终朝。

lóu gé tiān liáng fēng sà sà　　guān hé dì gé yǔ xiāo xiāo
楼阁天凉风飒飒，关河地隔雨潇潇。

jǐ diǎn lù sī　　rì mù cháng fēi hóng liǎo àn
几点鹭鸶，日暮常飞红蓼岸；

yì shuāng xī chì　　chūn zhāo pín fàn lù yáng qiáo
一双鸂鶒，春朝频泛绿杨桥。

三 肴

原文诵读

niú duì mǎ　　quǎn duì māo　　zhǐ jiǔ duì jiā yáo
牛对马，犬对猫。旨酒对嘉肴。

táo hóng duì liǔ lù　　zhú yè duì sōng shāo
桃红对柳绿，竹叶对松梢，

lí zhàng sǒu　　bù yī qiáo　　běi yě duì dōng jiāo
藜杖叟，布衣樵。北野对东郊。

bái jū xíng jiǎo jiǎo　　huáng niǎo yǔ jiāo jiāo
白驹形皎皎，黄鸟语交交。

huā pǔ chūn cán wú kè dào
花圃春残无客到，

chái mén yè yǒng yǒu sēng qiāo
柴门夜永有僧敲。

qiáng pàn jiā rén　　piāo yáng jìng bǎ qiū qiān wǔ
墙畔佳人，飘扬竞把秋千舞；

lóu qián gōng zǐ　　xiào yǔ zhēng jiāng cù jū pāo
楼前公子，笑语争将蹴鞠抛。

注释精讲

旨：形容饮食美味。

藜杖：用藜的茎制作的拐杖。

布衣：麻布做成的衣服，平民服装。

形：形貌。

四豪

guā duì guǒ　　lǐ duì táo　　quǎn zǐ duì yáng gāo
瓜对果，李对桃。犬子对羊羔。

chūn fēn duì xià zhì　　gǔ shuǐ duì shān tāo
春分对夏至，谷水对山涛。

shuāng fèng yì　　jiǔ niú máo　　zhǔ yì duì chén láo
双凤翼，九牛毛。主逸对臣劳。

shuǐ liú wú xiàn kuò　　shān sǒng yǒu yú gāo
水流无限阔，山耸有余高。

yǔ dǎ cūn tóng xīn mù lì　　chén shēng biān jiàng jiù zhēng páo
雨打村童新牧笠，尘生边将旧征袍。

jùn shì jū guān　　róng yǐn yuān hóng zhī xù
俊士居官，荣引鹓鸿之序；

zhōng chén bào guó　　shì dān quǎn mǎ zhī láo
忠臣报国，誓殚犬马之劳。

注释精讲

双凤翼：化用自李商隐《无题》诗句："身无彩凤双飞翼，心有灵犀一点通。"

九牛毛：司马迁《报任安书》有"九牛一毛"句，比喻无足轻重。

鹓鸿之序：鹓、鸿飞翔时排成有序的行列，比喻官员上朝时的队列。鹓，凤凰一类的鸟。

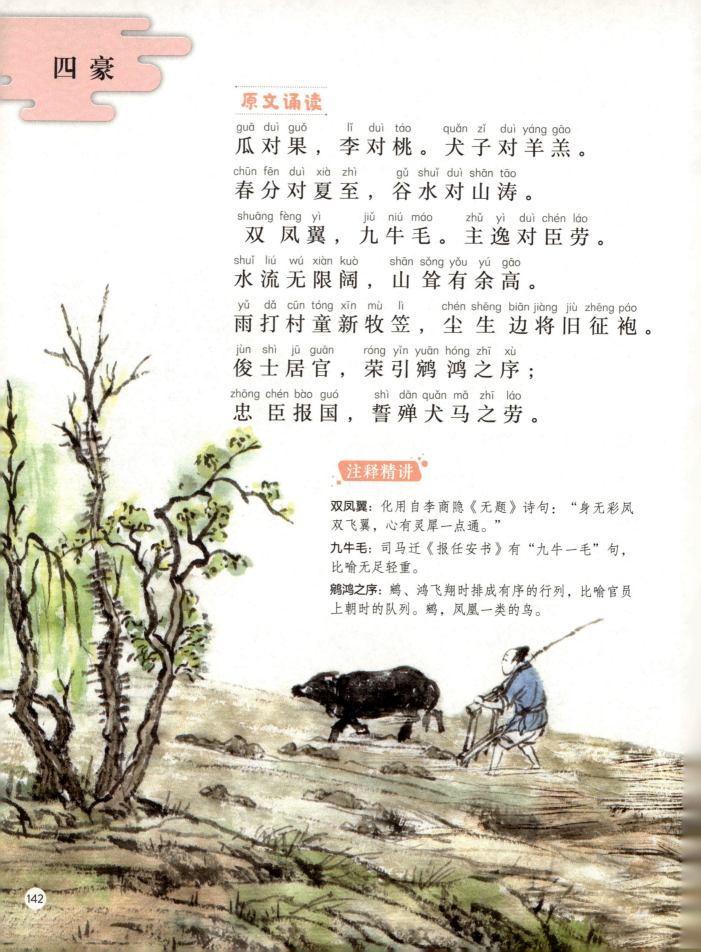

原文诵读

shān duì shuǐ　　hǎi duì hé　　xuě zhú duì yān luó
山对水，海对河。雪竹对烟萝。

xīn huān duì jiù hèn　　tòng yǐn duì gāo gē
新欢对旧恨，痛饮对高歌。

qín zài fǔ　　jiàn chóng mó　　mèi liǔ duì kū hé
琴再抚，剑重磨。媚柳对枯荷。

hé pán cóng yǔ xǐ　　liǔ xiàn rèn fēng cuō
荷盘从雨洗，柳线任风搓。

yǐn jiǔ qǐ zhī qī zuì mào　　guān qí bù jué làn qiáo kē
饮酒岂知敧醉帽，观棋不觉烂樵柯。

shān sì qīng yōu　　zhí jù qiān xún yún lǐng
山寺清幽，直踞千寻云岭；

jiāng lóu hóng chǎng　　yáo lín wàn qǐng yān bō
江楼宏敞，遥临万顷烟波。

注释精讲

烟萝：像轻烟一样飘动的松萝。

从：任从。

敧醉帽：阮籍醉后乌纱帽坠落一半。

踞：依靠。

寻：古代长度单位。

六 麻

原文诵读

sōng duì bǎi　　lǚ duì má　　yǐ zhèn duì fēng yá
松对柏，缕对麻。蚁阵对蜂衙。

chēng lín duì bái lù　　dòng què duì hūn yā
赪鳞对白鹭，冻雀对昏鸦。

bái duò jiǔ　　bì chén chá　　pǐn dí duì chuī jiā
白堕酒，碧沉茶。品笛对吹笳。

qiū liáng wú duò yè　　chūn nuǎn xìng kāi huā
秋凉梧堕叶，春暖杏开花。

yǔ cháng tái hén qīn bì qì
雨长苔痕侵壁砌，

yuè yí méi yǐng shàng chuāng shā
月移梅影上窗纱。

sà sà qiū fēng　　dù chéng tóu zhī bì lì
飒飒秋风，度城头之觱篥；

chí chí wǎn zhào　　dòng jiāng shàng zhī pí pa
迟迟晚照，动江上之琵琶。

注释精讲

缕：丝线。

蜂衙：蜂巢中，众蜂簇拥蜂王，就像下级护卫上级。衙，旧时官署。

赪鳞：红色的鱼。赪，红色。鳞，代指鱼。

白堕：南北朝时魏国人，善于酿酒。

碧沉：一种绿茶。

觱篥：悲管、筚管，一种管乐器。

144

原文诵读

gāo duì xià　　duǎn duì cháng　　liǔ yǐng duì huā xiāng
高对下，短对长。柳影对花香。

cí rén duì fù kè　　wǔ dì duì sān wáng
词人对赋客，五帝对三王。

shēn yuàn luò　　xiǎo chí táng　　wǎn tiào duì chén zhuāng
深院落，小池塘。晚眺对晨妆。

jiàng xiāo táng dì diàn　　lǜ yě jìn gōng táng
绛霄唐帝殿，绿野晋公堂。

hán jí xiè zhuāng yī shàng xuě　　qiū tiān pān yuè bìn biān shuāng
寒集谢庄衣上雪，秋添潘岳鬓边霜。

rén yù lán tāng　　shì bú wàng yú duān wǔ
人浴兰汤，事不忘于端午；

kè zhēn jú jiǔ　　xīng cháng jì yú chóng yáng
客斟菊酒，兴常记于重阳。

注释精讲

绛霄：唐玄宗有绛霄殿。

绿野：唐代晋国公裴度建绿野堂，与白居易、刘禹锡等在其中饮酒作诗。

兰汤：加入兰草熬出的热水。

八庚

注释精讲

后甲、先庚：《周易》认为这两日为吉日，分别为甲日后的第三天、庚日前的第三天。

舍瑟：推开瑟。

搏虎：暴虎，空手和虎搏斗。

金匼匜：金制的马络头。

瑽琤：敲打玉石、流水的声音。

藜藿：穷人吃的两种野菜。

原文诵读

xū duì shí　　sòng duì yíng　　hòu jiǎ duì xiān gēng
虚对实，送对迎。后甲对先庚。

gǔ qín duì shě sè　　bó hǔ duì qí jīng
鼓琴对舍瑟，搏虎对骑鲸。

jīn kē zǎ　　yù cōng chēng　　yù yǔ duì jīn jīng
金匼匜，玉瑽琤。玉宇对金茎。

huā jiān shuāng fěn dié　　liǔ nèi jǐ huáng yīng
花间双粉蝶，柳内几黄莺。

pín lǐ měi gān lí huò wèi　　zuì zhōng yàn tīng guǎn xián shēng
贫里每甘藜藿味，醉中厌听管弦声。

cháng duàn qiū guī　　liáng chuī yǐ qīn chóng bèi lěng
肠断秋闺，凉吹已侵重被冷；

mèng jīng xiǎo zhěn　　cán chán yóu zhào bàn chuāng míng
梦惊晓枕，残蟾犹照半窗明。

原文诵读

shū duì shǐ　zhuàn duì jīng　　yīng wǔ duì jí líng
书 对 史 , 传 对 经 。 鹦 鹉 对 鹡 鸰 。

huáng máo duì bái dí　　　lù cǎo duì qīng píng
黄 茅 对 白 荻 , 绿 草 对 青 萍 。

fēng rào duó　　yǔ lín líng　　shuǐ gé duì shān tíng
风 绕 铎 , 雨 淋 铃 。 水 阁 对 山 亭 。

zhǔ lián qiān duǒ bái　　　àn liǔ liǎng háng qīng
渚 莲 千 朵 白 , 岸 柳 两 行 青 。

hàn dài gōng zhōng shēng xiù zuò　　　yáo shí jiē pàn zhǎng xiáng míng
汉 代 宫 中 生 秀 柞 , 尧 时 阶 畔 长 祥 蓂 。

yì píng jué shèng　　　qí zǐ fēn hēi bái
一 枰 决 胜 , 棋 子 分 黑 白 ;

bàn fú tōng líng　　　huà sè jiàn dān qīng
半 幅 通 灵 , 画 色 间 丹 青 。

注释精讲

经、传：经为某一学派的经典，传为阐释经典的文章。

黄茅：一种茅草。

白荻：一种水生草本植物，可以用来编席。

风绕铎：相传唐岐王李范在宫中竹林内悬挂碎玉叶子，风来时碎玉便相触发声，称为"占风铎"。

渚：水中的小块陆地或水边。

柞：柞木，木质坚硬。

蓂：传说中的一种瑞草。

间：分隔。

丹青：绘画的颜料。

十 蒸

guī duì jǔ　　mò duì shéng　　dú bù duì tóng dēng
规对矩，墨对绳。独步对同登。

yín é duì fěng yǒng　　fǎng yǒu duì xún sēng
吟哦对讽咏，访友对寻僧。

fēng rào wū　　shuǐ xiāng líng　　zǐ hú duì cāng yīng
风绕屋，水襄陵。紫鹄对苍鹰。

niǎo hán jīng yè yuè　　yú nuǎn shàng chūn bīng
鸟寒惊夜月，鱼暖上春冰。

yáng zǐ kǒu zhōng fēi bái fèng　　hé láng bí shàng jí qīng yíng
扬子口中飞白凤，何郎鼻上集青蝇。

jù lǐ yuè chí　　fān jǐ chóng zhī mì zǎo
巨鲤跃池，翻几重之密藻；

diān yuán yǐn jiàn　　guà bǎi chǐ zhī chuí téng
颠猿饮涧，挂百尺之垂藤。

注释精讲

规、矩：分别为画圆、画直角或方形的器具。

墨对绳：墨和绳均指木工用来打直线的墨线，合称绳墨。

讽咏：讽刺吟咏。

水襄陵：大水漫上丘陵。

鹄：天鹅。

原文诵读

ān duì sì　　diàn duì lóu　　jiǔ tǐng duì yú zhōu
庵对寺，殿对楼。酒艇对渔舟。

jīn lóng duì cǎi fèng　　fén shǐ duì tóng niú
金龙对彩凤，豶豕对童牛。

wáng láng mào　　sū zǐ qiú　　sì jì duì sān qiū
王郎帽，苏子裘。四季对三秋。

fēng luán fú dì xiù　　jiāng hàn jiē tiān liú
峰峦扶地秀，江汉接天流。

yì wān lù shuǐ yú cūn xiǎo　　wàn lǐ qīng shān fó sì yōu
一湾绿水渔村小，万里青山佛寺幽。

lóng mǎ chéng hé　　xī huáng chǎn wēi ér huà guà
龙马呈河，羲皇阐微而画卦；

shén guī chū luò　　yǔ wáng qǔ fǎ yǐ chén chóu
神龟出洛，禹王取法以陈畴。

注释精讲

豶豕：被阉割过的猪。

童牛：没长角的小牛。

王郎帽：晋朝王蒙相貌俊美，很多人喜
欢他。一次上街，被人看到帽子破了，
人们都想送他一顶新帽子。

苏子裘：战国时，苏秦游说未果，
身上的黑裘衣破烂不堪。

十二侵

méi duì mù　　kǒu duì xīn　　jǐn sè duì yáo qín
眉对目，口对心。锦瑟对瑶琴。

xiǎo gēng duì hán diào　　wǎn dí duì qiū zhēn
晓耕对寒钓，晚笛对秋砧。

sōng yù yù　　zhú sēn sēn　　mǐn sǔn duì zēng shēn
松郁郁，竹森森。闵损对曾参。

qín wáng qīn jī fǒu　　yú dì zì huī qín
秦王亲击缶，虞帝自挥琴。

sān xiàn biàn hé cháng qì yù
三献卞和尝泣玉，

sì zhī yáng zhèn gù cí jīn
四知杨震固辞金。

jì jì qiū zhāo　　tíng yè yīn shuāng cuī nèn sè
寂寂秋朝，庭叶因霜摧嫩色；

chén chén chūn yè　　qì huā suí yuè zhuǎn qīng yīn
沉沉春夜，砌花随月转清阴。

注释精讲

锦瑟：漆画着锦文的瑟。

瑶琴：用玉装饰的琴。

闵损、曾参：孔子弟子，十分孝顺。

秦王亲击缶：《战国策》载秦、赵两国渑池相会，秦王让赵王鼓瑟，赵相蔺相如便迫使秦王击缶。

虞帝自挥琴：传说虞舜曾挥五弦琴而歌，祈求风调雨顺，让百姓享受惠泽。

原文诵读

qiān duì bǎi　　liǎng duì sān　　　dì běi duì tiān nán
千对百，两对三。地北对天南。

fó táng duì xiān dòng　　dào yuàn duì chán ān
佛堂对仙洞，道院对禅庵。

shān pō dài　　shuǐ fú lán　　xuě lǐng duì yún tán
山泼黛，水浮蓝。雪岭对云潭。

fèng fēi fāng huì huì　　　hǔ shì yǐ dān dān
凤飞方翙翙，虎视已眈眈。

chuāng xià shū shēng shí fěng yǒng　　yán qián jiǔ kè rì dān hān
窗下书生时讽咏，筵前酒客日耽酣。

bái cǎo mǎn jiāo　　　qiū rì mù zhēng rén zhī mǎ
白草满郊，秋日牧征人之马；

lù sāng yíng mǔ　　　chūn shí gōng nóng fù zhī cán
绿桑盈亩，春时供农妇之蚕。

注释精讲

泼黛：一片墨绿。

浮蓝：一片湛蓝。

翙翙：鸟振翅飞翔的声音。

眈眈：用来形容眼睛注视。

耽：沉溺。

白草：秋草。

盈：充满。

151

十四 盐

rú duì sì　jiǎn duì tiān　xiù mù duì zhū lián
如对似，减对添。绣幕对朱帘。

tàn zhū duì xiàn yù　lù lì duì yú qián
探珠对献玉，鹭立对鱼潜。

yù xiè fàn　shuǐ jīng yán　shǒu jiàn duì yāo lián
玉屑饭，水晶盐。手剑对腰镰。

yàn cháo yī suì gé　zhū wǎng guà xū yán
燕巢依邃阁，蛛网挂虚檐。

duó shuò zhì sān táng jìng dé
夺槊至三唐敬德，

yì qí dì yī jìn wáng tián
弈棋第一晋王恬。

nán pǔ kè guī　zhàn zhàn chūn bō qiān qǐng jìng
南浦客归，湛湛春波千顷净；

xī lóu rén qiǎo　wān wān yè yuè yì gōu xiān
西楼人悄，弯弯夜月一钩纤。

注释精讲

玉屑饭：像碎玉一样的饭，传说吃了可以延年益寿。

水晶盐：《佩文诗韵》记载，崔浩论事，皇帝对他十分赏识，便赐给他御缥醪酒、水晶盐。

邃阁：深邃的楼阁。

虚檐：凌空的房檐。

槊：古代一种冷兵器。

原文诵读

néng duì fǒu　shèng duì xián　　wèi guàn duì hún jiān
能对否，圣对贤。卫瓘对浑瑊。

què luó duì yú wǎng　　cuì yǎn duì cāng yá
雀罗对鱼网，翠巘对苍崖。

hóng luó zhàng　bái bù shān　bǐ gé duì shū hán
红罗帐，白布衫。笔格对书函。

ruǐ xiāng fēng jìng cǎi　　ní ruǎn yàn zhēng xián
蕊香蜂竞采，泥软燕争衔。

xiōng niè shì qīng wén zǔ tì　wáng jiā néng yì yǒu wū xián
凶孽誓清闻祖逖，王家能乂有巫咸。

xī sǒu xīn jū　　yú shè qīng yōu lín shuǐ àn
溪叟新居，渔舍清幽临水岸；

shān sēng jiǔ yǐn　　fàn gōng jì mò yǐ yún yán
山僧久隐，梵宫寂寞倚云岩。

注释精讲

卫瓘：晋代人，善草书。

浑瑊：唐代人。十一岁时就擅长骑射。

雀罗：捕雀的罗网。

翠巘：青翠的山峰。

崖：山崖。

笔阁：笔架。

书函：书信。

祖逖：东晋将领，渡江北伐，发誓清除进犯的敌人。

乂：治理、安定。

巫咸：传说中神巫姓名。

梵宫：指佛寺。

笠翁对韵
声律启蒙

策划编辑: 阿 灰

美术编辑: 刘晓东

插图绘制: 亦 邻